《山西风景名胜》编委会

一、组织机构

编委会主　　任：王国正

编委会副主任：闫晨曦

编委会成　　员：张　海　薛林平　韩瑞林　杨晋梁　聂建红
　　　　　　　　牛峥嵘　崔大华　杜雪松　王　勇　韩卫民
　　　　　　　　田云清　赵玉林　郑耀东　李秀亭　韩守元
　　　　　　　　陈保金　靳虎刚

二、编辑机构

主　　编：闫晨曦

副主编：张　海　薛林平

编　著：葛光云　佘高红　蒙小英　郭　海　沈　宏
　　　　董晋斐　石　玉　李志新　于代宗　徐璐思
　　　　王远楠　王　磊　张　宁　陈海霞　石　越

摄影、著文：薛林平

山西风景名胜区分布示意图

山西风景名胜

SCENIC SPOTS IN SHANXI

山西省住房和城乡建设厅 主编

中国建筑工业出版社
CHINA ARCHITECTURE & BUILDING PRESS

图书在版编目(CIP)数据

山西风景名胜/山西省住房和城乡建设厅主编．
北京：中国建筑工业出版社，2011.4
ISBN 978-7-112-13045-0

Ⅰ．①山⋯ Ⅱ．①山⋯ Ⅲ．①风景名胜区－山西省
Ⅳ．①K928.702.5

中国版本图书馆CIP数据核字（2011）第043451号

责任编辑：费海玲
责任校对：姜小莲 刘钰

山西风景名胜
山西省住房和城乡建设厅 主编

*

中国建筑工业出版社 出版、发行（北京西郊百万庄）
各地新华书店、建筑书店经销
北京方舟正佳图文设计有限公司设计制作
北京方嘉彩色印刷有限责任公司

*

开本：880×1230毫米 1/16 印张：$26\frac{3}{4}$ 字数：856千字
2011年4月第一版 2011年4月第一次印刷
定价：238.00元
ISBN 978-7-112-13045-0
(20437)

版权所有 翻印必究
如有印装质量问题，可寄本社退换
(邮政编码 100037)

序

山西，位于黄河中游，地处黄河以东、太行山以西。境内有山地、丘陵、高原、盆地等多种地貌类型；最高海拔达3061米，最低海拔仅180米，地型高差悬殊；其间高山峡谷、山环水绕、丘陵交错、千姿百态。人说："山西好风光"，八百里太行和九曲黄河给山西留下了丰富的自然遗产，大自然在三晋大地上造就了一处处气势恢宏、雄伟壮观的名山大川、溶洞怪石、激流瀑布、森林草甸、天气景象等绚丽多彩的自然景观。

山西历史悠久，尧、舜、禹都曾在此建都，有着丰厚的文化积淀和历史遗存，是华夏文明的发祥地之一；山西是中原农耕文明和北方游牧文明碰撞交流的地方，千里长城边塞在山西留下了大量多元文化融合发展的历史见证；山西明清时期市场经济最为发达，遍布全省各地的晋商大院记录着晋商们曾经的辉煌；山西古代建筑文化较为发达，现存古代的民居建筑、宗教建筑、戏场建筑、官衙建筑、军事建筑等种类最全、数量最多、时间跨度最长，全国仅存的4座唐代建筑全在山西，现存的宋、辽、金以前地面以上的木构建筑多达106处，占全国同类建筑的72.6%，堪称中国古代建筑的宝库；山西在中国革命中曾作出过杰出的贡献，特别是在八年抗战中，三晋大地到处都有抗击日寇的革命故事和历史遗址。由于历史悠久、地貌多样、民族众多，加之重要的边关区位、多元的文化发展和坚实的经济基础，在三晋大地上留存下了许多古城古镇、古村古堡、民居大院、古关长城、古建宝塔、古寺道观、石窟造像、彩塑壁画、历史文物、风俗民情和革命遗址等丰富多彩的人文景观。

这些朴实生动、引人入胜和极富文化内涵的自然景观和人文景观，是山西得天独厚的风景名胜资源。在山西省住房和城乡建设厅组织编制、经省政府批准的《山西省风景名胜区体系规划》中，共规划了101处风景名胜区。这些风景名胜区，是山西独有的天然美景和人文景观，是大自然沧桑巨变的客观记录，是人类历史发展的真实写照，沉淀了中华民族的优秀文化，凝聚了劳动人民的集体智慧，传承了丰富多彩的历史信息，具有很高的艺术观赏价值，是人类社会共同的宝贵财富。

山西省委、省政府提出要实现转型发展和跨越发展，"十二五"再造一个新山西的宏伟目标，大力发展风景名胜事业也是转型发展的题中之意。按照"科学规划、统一管理、严格保护、永续利用"的方针，根据风景名胜区的等级标准，加快设立省级和国家级风景名胜区，将其不可再生的风景名胜资源纳入风景名胜区的保护和利用范围，逐步建立起空间布局合理、价值特色突出、功能等级有序的风景名胜区体系，为促进全省转型跨越发展创造条件，是当前山西风景名胜工作的不二选择。

为了让人们更好地了解山西风景名胜资源，同时也为今后研究山西风景名胜工作提供更为全面和系统的资料，山西省住房和城乡建设厅组织北京交通大学的专家、学者历时2年，通过收集资料、实地考察、分析研究、归纳整理等大量深入细致的工作，编辑出版了《山西风景名胜》一书，该书资料占有极其丰富，使用价值很高，是山西风景名胜区保护、开发和管理工作极好的参考资料。同时，山西的这项工作思路和做法，也值得其他地方学习和借鉴。

目录

序

10
太原市
晋祠—天龙山风景名胜区

66
平定县娘子关风景名胜区

18
太原市
崛围山—汾河二库风景名胜区

70
盂县藏山—水神山风景名胜区

24
大同市云冈石窟风景名胜区

78
阳泉市
小河—官沟古村落风景名胜区

34
左云县摩天岭长城风景名胜区

86
长治市老顶山风景名胜区

40
浑源县恒山风景名胜区

92
黎城县黄崖洞风景名胜区

52
灵丘县
觉山寺—平型关风景名胜区

98
沁源县灵空山风景名胜区

56
广灵县水神堂风景名胜区

104
平顺县太行水乡风景名胜区

116

平顺县
神龙湾—天脊山风景名胜区

180

陵川县王莽岭风景名胜区

126

武乡县
太行龙洞风景名胜区

192

陵川县凤凰欢乐谷景区

136

长子县
精卫湖—白松林风景名胜区

198

应县木塔风景名胜区

142

壶关县太行大峡谷风景名胜区

204

忻州市五台山风景名胜区

152

泽州县珏山风景名胜区

216

宁武县芦芽山风景名胜区

160

泽州县山里泉风景名胜区

224

河曲县黄河娘娘滩风景名胜区

170

阳城县
皇城相府—九女湖风景名胜区

232

代县山阴县雁门—广武风景名胜区

242
代县赵杲观风景名胜区

298
左权县
龙泉—麻田风景名胜区

248
偏关县
老牛湾景区—万家寨景区

308
临汾市
姑射山—尧庙风景名胜区

254
定襄县河边民俗风景名胜区

316
洪洞县广胜寺风景名胜区

264
平遥县平遥古城风景名胜区

322
吉县黄河壶口瀑布风景名胜区

274
晋中市晋商大院风景名胜区

330
隰县小西天风景名胜区

284
介休市绵山风景名胜区

336
蒲县柏山东岳庙风景名胜区

294
灵石县石膏山风景名胜区

342
襄汾县
丁村—汾城古村镇风景名胜区

348
永济市
五老峰—鹳雀楼风景名胜区

384
万荣县
孤峰山风景名胜区

356
运城市
关帝庙–盐池风景名胜区

392
历山风景名胜区

362
稷山县稷王庙风景名胜区

396
方山县
北武当山风景名胜区

368
芮城县
永乐宫—大禹渡风景名胜区

404
临县碛口风景名胜区

376
芮城县百梯山风景名胜区

412
交城县卦山风景名胜区

380
绛县东华山风景名胜区

420
方山县南阳沟风景名胜区

太原市 晋祠—天龙山 风景名胜区

晋祠—天龙山风景名胜区位于太原市西南，北起晋阳湖，南到牛家口，东到汾河岸，西到天龙山，总面积189平方公里，1987年被列为省级风景名胜区，主要包括晋祠景区、龙山景区、天龙山景区、蒙山景区等。

晋祠景区。 位于太原市西南25公里，是集古建园林、自然山水、雕塑碑刻和古树名木为一体的景区，保留了宋、元、明、清、民国等时期的建筑。刘大鹏（1857~1942年）在《晋祠志》中写道："三晋之胜，以晋阳为最，而晋阳之胜，全在晋祠"。晋祠，初名唐叔虞祠，是为纪念唐叔虞而建。唐叔虞，姓姬，名虞，字子于，乃周武王之子，周成王胞弟、晋国开国诸侯。晋祠历史悠久，始建年代已不可考。最早的文字记载见于北魏地理学家郦道元所著的《水经注》，其中提道："沼西际山枕水，有唐叔虞祠。水侧有凉堂，结飞梁于水上。左右杂树交荫，希见曦景。至有淫朋密友，羁游宦子，莫不寻梁集契，用相娱慰，于晋川之中最为胜处"。《魏书·地形志》也提道："晋阳西南有悬瓮山，一名龙山，晋水所出，东入汾，有晋王祠"。从这些记载可知，北魏时期的晋祠已有一定的规模。后来历经修葺和扩建，终成现在的规模。晋祠的整体布局错落有致，自东向西形成一条轴线。中轴线上从山门起，依次有水镜台、会仙桥、金人台、对越坊、钟鼓楼、献殿、鱼沼飞梁、圣母殿等。北部随地势自然错综排列，有文昌宫、东岳庙、关帝庙、唐碑亭、唐叔虞祠、朝阳洞、待凤轩、三台阁、读书台和吕祖阁等。南部具有江南园林风格，有胜瀛楼、白鹤亭、傅山纪念馆、三圣祠、真趣亭、难老泉亭、水母楼和公输子祠等。在祠区最南部还有奉圣寺、浮屠院、舍利生生塔和翰香馆等。其中，宋代建的圣母殿、鱼沼飞梁和金代建的献殿，为晋祠最有价值的建筑。应该特别关注的是，圣母殿中完整地保存了43尊彩绘泥塑像，有两尊小像为明代补塑，其余则为宋代原塑。其中，最为珍贵的是33尊侍女像。这些侍女像无一雷同，生动活泼，形象逼真，举手投足，顾盼生姿，是我国雕塑艺术宝库中的珍品。另外，晋祠内现存有历代碑刻300余通，其中唐太宗李世民的《晋祠之铭并序》具有极高的历史和艺术价值。唐贞观二十年（646年），李世民东征高丽归来，率群臣重游晋祠，并亲撰铭文，留下了代表他晚年高超书法和政治思想的名碑，被后人誉为仅次于王羲之《兰亭序》的行书杰作。

龙山石窟景区。 龙山又名青龙山，位于太原市西南20余公里处，属吕梁山脉的支系，山势俊秀，植被丰茂。龙山石窟为国内仅存的元代全真道教石窟群，也是国内最大的道教石窟群。主窟开凿于元太宗六年至十一年（1234~1239年），由道人宋德芳主持修建。现存石窟九个，上下三层，雕像87尊。各洞窟分别是虚皇龛、三清龛、卧如龛、玄真龛、三天大法师龛、玉帝龛、七真龛以及两座辨道龛。

天龙山景区。 在太原市西南40公里处。天龙山古称方山，为吕梁山太原地带主峰之一，这里山峦起伏，沟壑幽深，深林密布。石窟分布在天龙山东西两峰山腰，共有25个石窟，其中东峰12窟，西峰13窟。石窟之间有山径相连（原是栈道）。开凿年代为东魏、北齐到隋、唐、五代近5个世纪，其中，有15窟为唐代所凿。这些石窟中的雕塑风格各异，姿势优美，刀法纯熟，颇有价值。

蒙山景区。 位于太原市西南17公里处。这里草木秀润，泉水流淌，山麓原有开化寺，始建于北齐天保二年（551年），现寺已毁，尚存露天大佛和两座宋代佛塔。大佛高66米，仅比乐山大佛（高71米）低5米，但始凿年代早160余年。两塔建于宋淳化元年（990年），为基座相连的方形塔，故名连理塔，造型俊美，巍峨壮观。"蒙山佛晓"为明清太原县八景之一。

晋祠鱼沼飞梁（北魏初建，北宋重建）

晋祠圣母殿

晋祠对越坊

晋祠齐年柏（北齐）

晋祠唐叔虞祠元代乐伎塑像

晋祠金人台铁人塑像

晋祠唐太宗李世民撰写并书《晋祠之铭并序》碑

晋祠傅山"难老"之匾

晋祠"三晋名泉"之匾（清康熙年间杨廷翰书）

晋祠"水镜台"之匾（清康熙年间杨二酉书）

晋祠水镜台

晋祠圣母殿宋代侍女塑像

晋祠圣母殿前廊木雕蟠龙柱

晋祠奉圣寺舍利塔

晋祠圣母殿侍女像

天龙山道教石窟造像

天龙山石窟

天龙山山景

天龙山蟠龙松

天龙山石窟造像（唐）

太原市 崛围山—汾河二库 风景名胜区

崛围山—汾河二库风景名胜区位于太原市西北约25公里处的汾河峡谷出口处。崛围山南北走向，海拔1400米，南有青峰，北有飞云峰，山清水秀，山上自古桦柏成林，风景优美，其中，尤以秋色最为优美，著名的"崛围山红叶"居晋阳古八景之首。清道光《阳曲县志》载有"暮秋霜降，满山红叶尽成朱紫"之语。2010年，崛围山风景名胜区被公布为省级风景名胜区。

崛围山风景名胜区主要包括多福寺景区、净因寺景区、窦大夫祠景区、汾河二库景区等。

多福寺景区。 多福寺位于崛围山上。根据清道光《阳曲县志》和碑记，唐贞元二年（786年）时已有该寺，称为"崛围教寺"，宋代曾毁于兵乱，明洪武年间（1368~1398年）在原址上重建，弘治年间（1488~1505年）改名为多福寺。寺院坐北朝南，依山势而建，三进院落，中轴线上有山门、大雄宝殿、文殊阁、藏经楼和千佛阁（已毁），东西两侧为钟鼓楼、配殿等。其中大殿、文殊阁、藏经楼为明代遗构，其余为清代建筑。大雄宝殿面宽七间，进深五间，重檐歇山顶，内有佛像、菩萨、金刚像9尊，两山墙和后檐墙绘佛传故事壁画84幅。文殊阁面宽三间，阁内塑三尊高约5米的佛像，造型精致，为泥塑珍品，四周有明代壁画。在多福寺东南的山顶建有舍利塔，塔高25米，共7层，平面为六角形。

净因寺景区。 净因寺又名大佛寺，位于崛围山东麓8公里处的土堂村西，东临汾水，依山而筑，寺内外古柏参天。明嘉靖二十年（1541年）《重建土堂阁楼记》碑记载，汉时土山崩坏，裂陷成洞，洞内土丘形似佛像，故建寺。寺院现存两院，前院坐北朝南，中轴线上有天王殿和大佛阁，两侧仅存东配殿。大佛阁内供一泥塑阿弥陀佛像，高9.46米，盘膝向东而坐。后院坐北朝南，中轴线上有倒座、观音殿、地藏殿、大雄宝殿，其中大雄宝殿面宽三间，进深两间，单檐歇山顶，殿内塑三世佛。另外，寺内尚存十六罗汉、十殿阁君等塑像30余尊。

窦大夫祠景区。 位于太原市西北20公里处的上兰村，在汾河峡谷一侧。因其建于烈石山下，故又称烈石神祠。该祠是祀奉春秋时晋国大夫窦犨（chōu）的祠庙。窦犨，字鸣犊，封地在今太原，曾于狼孟（今阳曲黄寨）开渠兴利，因而得到后人的纪念；宋代元丰八年（1085年）神宗封之为英济侯，故祠庙又名英济祠。其创建年代不详，但唐代李频《游烈石》词中有"驻马看窦犨像"之句，说明唐代此祠已存。宋元丰八年六月，祠为汾水所淹，遂北移重建。现存建筑主要为元、明、清建筑，坐北朝南，二进院落，中轴线上有山门、献殿、大殿等，其中献殿、大殿为元代遗构，山门为明代所建，其余为清代建筑。正殿内供窦大夫像，美髯长须，风度翩翩。献殿藻井由木块和木条交错层叠咬合构成，非常精致。

祠东侧有明代的保宁寺、观音阁、赵戴文公馆。赵戴文（1867~1943年），五台人，同盟会会员，曾任国民党政府山西省主席、国民党山西省党部主任委员，晚年信佛。公馆为三进院建筑，存过厅、正厅、偏院等40余间房

屋，后部辟有花园。祠西侧有"烈石寒泉"，为旧阳曲八景之一。

汾河二库景区。 位于太原市西北30公里处，是一座兼有防洪、发电、旅游等功能的水利工程。水坝高84.3米，水域控制流域面积2348平方公里，总库容量1.35亿立方米。水库旁山崖上有悬泉寺，原为晋王府家庙，据碑文载，宋熙宁年间（1068~1077年）有"玄泉"额，明成化年间（1465~1487年）、弘治年间（1488~1505年）续建，清代多次重修。寺院坐北朝南，有大雄宝殿、地藏殿、禅堂等殿堂。正殿两山墙绘罗汉、神将、人物等像。地藏殿内存明正德年间（1506~1521年）铁铸地藏菩萨、罗汉坐像11尊，泥塑8尊。

崛围山

汾河二库

多福寺（全国重点文物保护单位）大雄宝殿

多福寺千佛像

多福寺塑像

多福寺壁画（明代）

净因寺后院（全国重点文物保护单位）

净因寺大雄宝殿塑像（明代）

悬泉寺鸟瞰

净因寺佛殿内的阿弥陀佛像

窦大夫祠献殿

大同市 云冈石窟 风景名胜区

云冈石窟风景名胜区主要包括云冈石窟景区、善化寺景区、华严寺景区、九龙壁景区等。

云冈石窟景区。 位于大同市西郊武周山南麓，石窟依山开凿，东西绵延1公里。因其高处的山冈名云冈，故取名云冈石窟。云冈石窟现存主要洞窟45个，大小造像51000余尊，为我国规模最大的古代石窟群之一。云冈石窟历史久远，规模宏大，内容丰富，雕刻精细，是中华民族宝贵的文化遗产，也是研究中国佛教史和艺术史极为珍贵的史料。中国学者将甘肃敦煌的莫高窟、河南洛阳的龙门石窟和山西大同的云冈石窟称为中国的"三大石窟"。2002年，云冈石窟被联合国教科文组织列入"世界文化遗产名录"。

据文献记载，云冈石窟是北魏和平年间（460～465年）由一个著名的和尚昙曜奉旨主持开凿，当时主要开凿石窟五所（现存云冈第16～20窟）。其他主要洞窟，则大多完成于北魏太和十八年（494年）孝文帝迁都洛阳之前。北魏著名地理学家郦道元在《水经注》中，记录了当年云冈石窟的壮景："凿石开山，因岩结构，真容巨壮，世法所希。山堂水殿，烟寺相望，林渊锦镜，缀目所眺"。云冈石窟始建于北魏，终结于北魏，经历了一个比较完整的朝代，因而也比较全面地反映了北魏时期的历史和艺术风貌特征。

根据武周山势的自然起伏，云冈石窟可分为东、中、西区三部分。东部的石窟多以造塔为主，故又称塔洞；中部石窟每个都分前后两室；西部石窟以中小窟和补刻的小龛为最多，修建的时代略晚，大多是北魏迁都洛阳后的作品。

这些石窟中，以昙曜开凿的最早的五窟（现存云冈第16～20窟）气魄最为宏伟；而第五窟和第六窟内容丰富多彩，富丽瑰奇，是云冈艺术的精华；第20窟是云冈石窟最著名的露天大佛，大佛高达13.7米，背光富丽堂皇，面容丰满端庄，双肩宽厚平直，在端庄之中含着俊秀，在威严之中藏着慈祥。

善化寺景区。 位于大同市内，因靠近大同原南城门，故俗称南寺。该寺是中国现存辽金建筑中布局保存最完整、规模最宏大的一座，在中国建筑史有非常重要的地位。善化寺创建于唐初开元年间（713～741年），初名"开元寺"。五代后晋时，改名为"大普恩寺"。辽末保大二年（1122年），金兵攻陷西京（即大同），该寺建筑毁于战火。金初天会元年（1123年）该寺住持圆满法师历尽辛苦，重修寺院。明宣德三年（1428年），时任住持的大用法师对该寺又进行了维修。明正统十年（1445年），明英宗赐名"善化"，从此之后，就沿用"善化寺"的名称。善化寺布局严谨，规模宏大，沿中轴线从南到北依次建山门、三圣殿和大雄宝殿等。其中大雄宝殿是辽代建筑，山门、三圣殿和普贤殿是金代建筑。

华严寺景区。 位于大同市内，是国内现存规模较大，保存较完整的辽金寺院建筑，为辽金时期建筑的杰出代表。到了明代，华严寺分成了隔墙相望的两组建筑，各开山门，自为一体。根据"北为上南为下"的习惯，北部以大雄宝殿为中心的一组称上华严寺，南部以薄伽教藏殿为中心的一座建筑称为下华严寺。上华严寺俗称上寺，布局严

谨，高低错落，井然有序，由前后两进院落组成，中轴线上有山门、前殿和大雄宝殿，左右是祖师堂、禅堂、水云堂等。下华严寺，亦称下寺，位于上寺东南侧，以薄伽教藏殿为主，另有山门、南北配殿和天王殿等。下寺还设大同市博物馆，馆藏文物丰富。

九龙壁。 位于大同市大东街，建于明洪武二十五年（1392年），为明太祖第13子朱桂建造，作为府邸的照壁。九龙壁坐南向北，长45.5米，高8米，厚2米，仿木结构。壁面以426块黄、绿、蓝等各色琉璃贴面，壁上雕有九条巨龙和滚滚云海。照壁的下面为须弥座，亦以琉璃贴面，束腰部分雕刻有各种祥禽瑞兽，如麒麟、大象、狮子、鹿等，形象生动。

云冈石窟露天大佛

云冈石窟鸟瞰

大同市
云冈石窟风景名胜区

云冈石窟外观

云冈石窟塑像

云冈石窟塑像

云冈石窟外观

上华严寺大雄宝殿

下华严寺薄伽教藏殿

崇善寺五龙壁

崇善寺殿宇

左云县 摩天岭长城 风景名胜区

摩天岭风景名胜区位于左云县北部，北以长城为界与内蒙古自治区凉城县接壤，东邻大同市新荣区，南至十里河，西接右玉县杀虎口，面积约100平方公里，2009年被公布为省级风景名胜区。摩天岭长城风景区地处蒙古草原与内地相通的重要塞口，也是游牧文明与农耕文明的结合部，多民族文化在这里相互融合。

明外长城左云段墙体基本连通，黄土夯筑，基宽10～15米，全长40公里。墙体上有夯筑敌台80余座，少数敌台有包砖。沿线另有烽火台40余座，多为方锥形台体，少数为圆锥形台体。附属的城堡有保安堡、灭虏堡、威鲁堡、宁鲁堡、云西堡、三屯堡等。

摩天岭长城风景区内，北部和东部以长城、古堡为主，西北部分主要为五路山高山景点，南侧十里河区域为自然风景区。其中，北部的摩天岭至威鲁口一线，东端以长城边城月华池、威鲁口和威鲁堡为核心，西端以摩天岭长城、宁鲁口镇宁箭楼、八台子长城及大单巴为核心景点，集中了长城重要景点，是整个摩天岭长城风景区的精华所在。

摩天岭及其长城。 位于左云县城北部、宁鲁堡西北5公里处，主峰海拔1990米。摩天岭地势险要，汉、明等各代都在此修建长城，分布于山间和山顶，蜿蜒起伏数十里，远望如巨龙卧于此处，气势雄浑。这一带堞垣崇隆、烽堠峻整、墙体完好，雄险壮观，因其与北京的八达岭长城颇有几分相似，故又有"小八达岭"之称。

八台子长城。 八台子位于三屯乡北部，与西侧的宁鲁堡只隔一道山冈。该处为丘岭地区，长城蜿蜒曲折，非常壮观。山下有大单巴教堂。其西北地势平缓，有多座烽火台。

月华池。 位于威鲁堡北1华里的明长城内侧，是一座小型城堡，建造于明嘉靖二十二年（1543年），平面为正方形，每边长66米，高6米，南墙中间开一砖拱小门，可供人畜出入通行，原门额镶嵌石匾，阴刻"月华池"三字。

威鲁口。 在月华池西侧500余米处有一座小城池，称威鲁口或月城，其形式与月华池相似，规模稍小，平面呈方形，北靠长城处设有瞭望敌楼，南城墙开有门洞。

镇宁箭楼与马市城。 位于摩天岭对面，内设关城，外有马市。箭楼平面呈方形，底边长约14米，高约16米，由条石砌基，青砖砌墙。箭楼南面有关城，关城设拱券门，门额上嵌有石匾，阴刻楷书"镇宁"二字。镇宁楼的长城内侧，现存一座50米见方的黄土夯筑围城，称镇宁关城。箭楼外侧有马市城，东西长约50米，南北30米。在民族和平时期，这里是内外商贸交流的场所，因此又称"马市城"。

敌台。 现在敌台均已风化为尖顶圆形，底部直径15～25米，高3～6米。其中，在左云保安堡西北1公里处、古长城的内侧，现存有体量较大的一座敌台，夯土构筑，外为土丘状，通高在12米以上，周长近70米，下面有台，台高1.5米，周长达125米。

白羊口古长城。 白羊口位于管家堡西北约2公里处，属明代外长城重要关口。白羊口外是官帽山等高山，内为平原丘陵，白羊口地处两种地形交界处，因此成为明与蒙古对峙时期重要的防卫区域。

大单巴。 实为原有教堂的一座钟楼，建于1916年，惟教堂已毁，仅存钟楼。钟楼采用哥特式风格，造型优美，塔尖为六棱形。离"大单巴"北边不远处的山顶上，明代长城蜿蜒而行，二者相映成趣，甚为壮观。

十里河。 十里河从左云十里河水库始、旧高山上止，约20公里的水域范围。因这里呈现出典型的原生态湿地风貌，故该段被划归为十里河生态湿地。到了秋天，这里色彩斑斓，清逸华秀，绚丽多姿，实属边塞独特风光。

大单巴(教堂之钟楼)

摩天岭长城

小八达岭长城（佘高口摄影）

| 左云县
37 | 摩天岭长城风景名胜区

月华池（佘高口摄影）

箭楼

汉亭障

月华池长城

白羊口长城

五路山地质

浑源县 恒山 风景名胜区

恒山又名常山,为五岳之北岳(与东岳泰山、西岳华山、南岳衡山、中岳嵩山并称为五岳)。恒山蜿蜒五百里,号称有108峰。主峰天峰岭(即狭义的恒山)位于浑源县城南,海拔2016.1米,高度为五岳之冠,被称为"人天北柱"、"绝塞名山"。北岳恒山历史悠久,具有丰富的道教文化、皇家祭祀文化、朝圣文化、边关军事文化。恒山尤以道教而闻名,被称为道教三十六洞天的第五洞天,名总玄洞天。恒山风景名胜区为首批国家级重点风景名胜区,在恒山山脉中部,以主峰天峰岭为主体,面积约359平方公里,主景区面积约147平方公里,具有丰富的自然景观和人文景观。

悬空寺。 位于浑源县城南5公里处恒山西崖峭壁间,非常险峻,被誉为"崖壁绝作",是恒山第一奇观。悬空寺始建于北魏太和十五年(491年),原名玄空寺,又名崇虚寺,现存建筑主要为明清时所建。悬空寺面对恒山主峰天峰岭,背倚翠屏峰,楼阁殿宇互相交错,上载危岩,下临深谷,结构惊险,楼阁空悬,是中国古代建筑艺术的杰作。全寺由一寺院和南北二楼三部分组成,寺内有大小殿阁、房舍40间,有塑像的殿阁18座。悬空寺的建筑可用"奇、险、巧"三个字来形容。悬空寺之"奇",是说悬空寺的选址极好,整个寺院峭立于弧形的凹崖之中,且两边凸出的山崖缓解了风势。悬空寺之"险",是说偌大的建筑只凭木柱支撑,令人眼晕心颤。悬空寺之"巧",是指在有限的空间内,建起了山门、钟鼓楼、过殿、大殿、耳殿、经阁等建筑,布局紧凑,高低错落。悬空寺的"三教殿"中释迦牟尼、老子、孔子并列一起,亦颇具特色。

北岳庙。 位于恒宗峰南半山腰的峭壁下,是恒山上最宏伟的庙宇,也是恒山的主庙。其中的朝殿为主殿,也是恒山规模最大的建筑,建于明弘治十四年(1501年),殿前石碑、匾额众多。殿内正中供奉北岳大帝金身像,两侧为四位文官和四大元帅。

九天宫。 又名东道院,位于恒山青柯坪东,建于清康熙五十三年(1714年),坐东向西,依山势而建,四合院式建筑。山门为砖砌拱形门洞,上书"九天宫"三字。正殿殿内供奉九天娘娘等。

会仙府。 又名集仙洞,位于恒宗殿西北处会仙崖的半山腰间,是恒山最早的道仙居住之所。会仙府依崖而建,凿崖为府。主殿内共有神仙塑像27尊,正中为福、禄、寿三星,东西两侧共24位神仙,神态各异,线条流畅。会仙府四周崖壁上遍布宋、辽、金、元、明、清历代摩崖石刻,其中,以金代的"天地大观"、明代的"壁立万仞"字体巨大,价值最高。

寝宫。 位于恒山飞石峰山腰的一个天然大石窟前,三面环壁,一面临崖。该石窟是恒山十八景之首的"幽窟飞石",又称"飞石窟"。窟内建有北岳寝宫。寝宫原是恒山的旧主庙。明弘治年间(1488~1505年)扩建时,在恒宗峰的山腰处建了北岳庙,作为恒山主要的建筑。这样,旧主庙就变成北岳大帝夫人的寝宫。寝宫是恒山现存最早的古建筑。正殿东南侧有"还原洞",窟外南崖峭壁上有"紫霄洞"。飞石窟内外有许多摩崖石刻,其中明御使王献臣的"千岩竞秀"、"万壑争流"和雁门使者锦洛题的"耸翠流丹"最有价值。

永安寺。 位于浑源县城的东北部,坐北向南,中轴线布局,共分前、中、后三院,中轴线上有山门、中殿、正殿、后殿等。正殿名为"传法正宗殿",实为大雄宝殿,元代建筑,殿内正中佛坛上供奉三世佛像,两旁有阿难、迦叶,再侧塑四位菩萨和两位护法天神,佛像浑雄高大,神姿飘逸。殿内四壁布满高3米,长50多米的巨幅壁画,人物分层布列,色彩艳丽,画法纯熟,是明代绘画中的精品。

圆觉寺。 位于永安寺西南约100米处,寺内现存主要建筑为释迦舍利砖塔,创建于金正隆三年(1158年),为八角九级密檐砖塔。

从天峰岭远眺

从天峰岭远眺

从天峰岭远眺

悬空寺

悬空寺局部

悬空寺局部

悬空寺释迦牟尼、老子、孔子三教合一塑像

悬空寺塑像

圆觉寺砖塔

会仙府外观

北岳庙

永安寺大雄宝殿（全国重点文物保护单位）

永安寺大雄宝殿内壁画（为明代壁画精品）

恒山摩崖石刻

灵丘县觉山寺—平型关 风景名胜区

觉山寺—平型关风景名胜区包括觉山寺景区、平型关景区等。

觉山寺景区。 觉山又称悬钟山，位于灵丘县城东南10公里。觉山寺又称普照寺，位于觉山山腰，四周群山环抱，南侧有唐河。唐河又称寇水，是灵丘县最大的河流，为海河水系的一级支流。

据清代《灵丘县志》和寺内碑记记载，北魏孝文帝太和七年（483年）敕建并赐额觉山寺，当时有僧侣500余名，为当时较大的佛教寺院。辽大安五年（1089年）重修，赐山田140余顷。明天启六年（1626年）7月地震，除砖塔完好无损外，寺庙其余建筑均倒塌。明崇祯三年（1630年）重建寺庙，清康熙二十七年（1688年）再次修葺，后又倾颓。光绪十五年（1889年）再次重修。

寺院依山而建，分东、中、西三条轴线，共五个院落。中轴线上有山门、钟鼓楼、天王殿、韦驮殿和大雄宝殿，其中大雄宝殿为中轴的主要建筑；东轴线上建有魁星阁、碑亭、榜楼、点楼、金刚殿、弥勒殿，其中弥勒殿为东轴的主要建筑；西轴线上建有文昌阁、舍利塔、藏经楼、罗汉殿、贵真殿等。现存建筑中，舍利塔为辽代遗构，其余建筑为清代建筑。大雄宝殿内塑释迦佛、药师佛、阿弥佛，服饰得体，体态匀称；墙壁绘八洞神仙，线条流畅，色彩艳丽。

舍利塔为觉山寺建筑之精华，建于辽大安六年（1090年），高13层，平面呈八角形，密檐实心砖砌，通高48米。塔基高3米，束腰须弥仰莲式，每面设壶门三间。塔座周围有歌舞伎砖雕，是辽代砖雕艺术的珍品。基座南北辟门。塔内中心有八角形塔心柱，塔心柱南雕卧佛1尊，柱北雕千手观音，四壁有辽代壁画60平方米，至为珍贵。塔南侧10余米处有一古井，为北魏创寺时开挖。寺西山冈上另有小砖塔，方形密檐式，通高5.23米，塔基为方形，砖砌须弥座，塔身逐渐收分，内塑释迦佛坐像。

平型关景区。 主要包括平型关城、平型关战役遗址等。

平型关城位于灵丘县和繁峙县交界处，为明代内长城的关隘，北连恒山余脉，南接五台山，东到冀北，西达雁门关，是东通冀西、京津、西抵雁门的必经之路，地形极为险要，为古代兵家必争之地。《宣大山西三镇图说》卷五载："本关正德六年（1511年）建土城，嘉靖二十四年（1545年）重修，始称关，万历九年（1581年）砖包"。关城平面呈长方形，南北长约320米，东西宽约200米。堡墙基本完整，夯筑墙体，北墙尚存部分包砖。关城有东门、南门和北门：东门位于东墙正中，系清代重建，为木结构小门；南门位于南墙正中，亦为清代重建，形制与东门相同；北门位于北墙东侧，砖券顶，尚存包砖和基石。各门外均有瓮城。

平型关战役遗址位于白崖台乡平型关口东北，在平型关口东北的关沟、辛庄至老爷庙、乔沟一带，为一条狭长的古道，谷沟全长约7公里，两边崖高数丈。1937年9月25日，我八路军115师主力，在这里伏击日军第5

师团第21旅团的辎重和后卫部队4000余人，歼敌1000余人，击毁汽车百余辆，缴获大批军用物资，取得了震惊中外的平型关大捷。这是中国抗日战争开始后取得的第一次大胜利，粉碎了"皇军不可战胜"的神话，鼓舞了全国人民的抗战热情。1969年，在关沟附近建平型关战役纪念馆，馆内陈列有平型关地形沙盘和战役模拟图、照片资料和战利品等。

另外，灵丘县城还有赵武灵王墓，也是重要的景点。墓地总面积约1万平方米，墓丘高10米，周长220米。明崇祯年间（1628～1644年）在墓南修建牌楼，内树碑一通，上书"赵武灵王墓"。民国7年（1918年），集资筑神道，四周广植树木。

觉山寺前唐河及其山脉

平型关战役遗址周边地貌

觉山寺及其周边山体

广灵县水神堂风景名胜区

广灵县山川秀丽，风景优美，历史悠久，民风淳朴，素有"塞外江南"之美誉。水神堂风景名胜区主要有水神堂-湿地景区、甸顶山景区、圣泉寺景区、圣佛寺景区、六棱山汉白玉石林景区等。

水神堂-湿地景区。 位于广灵县城东南0.5公里处，与县城相连，有自然湿地30000亩、水域面积3500亩、林木面积1000亩，包括水神堂、湿地、下河湾等景点。

水神堂建于壶山岛之上，四面环水，又名丰水神祠。明正德本《大同府志》："壶山，在广灵县城东南一里。平地一山，山下乱泉涌出。其水与壶流河水合流如壶，故名，上建'丰水神祠'"。其中提到的"丰水神祠"即为水神堂。

水神堂现存建筑为明清建筑，占地7600平方米，四周有八面围墙，南北向中轴线上有山门、圣母殿、观音殿，两侧有钟鼓楼、长廊、砖塔、东西厢房、老君殿、文昌阁。圣母殿与观音殿建筑合而为一，是整个建筑群的中心。灵应宝塔位于院内东南隅，为一座六面七层楼阁式实心砖塔，通高17.5米，建于清乾隆六十年（1795年），光绪二十五年（1899年）重修。壶山岛周围有壶泉湖水环绕映衬，大树参天，郁郁葱葱，即为古代广灵八大景中的"壶泉春柳"、"丰水月夜"二景。

水神堂湿地总面积约3万亩，保护范围为西至华山脚下，东至壶流河出省口，南北至壶流河两岸耕地及枕头河水库。这里聚居着陆栖野生动物24目65科278种，鸟类15目43科130种，兽类6目15科33种，其中有国家一级保护动物黑鹳、白尾海雕、大鸨、金雕4种。

下河湾因处在县城东南壶流河大转弯处而得名，位于水神堂东南，现有水库1座，水面面积约162万平方米。水库内有湖心岛，面积约为3000平方米，岛上水草丰美。

甸顶山景区。 位于距广灵县城48公里的六棱山南侧，主峰大甸顶海拔2296米，顶部平坦，是一片总面积66平方公里的高山草甸。草甸北依阳高县的黄羊尖，西临册田水库。

圣泉寺景区。 位于水神堂南13公里处天王岭之山腰，以圣泉松林、圣泉寺著称。因谷中有一泉，涌而不溢，用之不竭，人称圣泉，是广灵古代八大景之一"圣泉松林"景观。据寺内《重修圣泉寺碑记》载，圣泉寺始建于北魏太和年间（477～499年），明正统、清道光年间进行过重修。寺院分上下寺，上寺主殿为弥陀洞，下寺为文殊、普贤、观音洞。

圣佛寺景区。 位于水神堂南13公里处直峪村南山松林中。圣佛寺始建于金章宗泰和（1201年）年间，明嘉靖四十二年（1563年）大修，清代多次重修。原建有各类殿宇120余间，毁于1967年，现存寺基址、碑林、塔林。寺周围环境幽雅，有3500多亩天然原始次生林，郁郁葱葱。墓塔林为清代建筑，原有墓塔14座，现存8座。塔高1.5～5米，直径1.5～2.5米，均为砖砌须弥座，圆形塔身，相轮塔刹，为佛教禅师墓塔。

白羊峪景区。 位于水神堂西南20公里处，是典型的山、水、林有机结合的自然景区，属自然景源。峡谷纵深15公里，有15道弯，有3万林区。峡谷

两侧翠峰叠嶂，崖间有洞，林中有洞，洞中有水，山泉密布。峡谷两侧峰峦间，有将军崖、仙女峰、卧虎石、虎头岩、抬轿山、小龟山、南天门、老君洞和广灵古代八大景之一的"白羊暮霭"。峪内和峪口分别建有白羊寺和清凉寺，现仅存遗址。

圣眷峪景区。 位于望狐乡南3公里处。峪中东边是茂密的天然林（松树林、杨树林、山柳林、大面积白桦林），西边是遍野的山花，峪中有一条小溪，常流不息。

六棱山景区。 位于县城西北35公里的刘家沟村西，因山状为六道山棱而得名。主峰海拔2375米，东与刘家沟河火烧沟相对，西到阳高县大峪口村、南沟峪和猪窝梁，北至阳高县境内，南以大西沟、高家沟和甸顶山为界。山顶有汉白玉石林，甚为奇特。

水神堂（佘高口摄）

水神堂周边湿地

水神堂（全国重点文物保护单位）景色

水神堂周边的湖面

水神堂周边山脉

水神堂壁画

甸顶山空中草原

甸顶山景色

甸顶山雪景

甸顶山景色

白羊峪景色

六棱山汉白玉石林

平定县 娘子关 风景名胜区

娘子关风景名胜区位于平定县城东北45公里处，以"京畿藩屏"娘子关为主要景点，携周边自然与人文景观，共同构成完整珍贵的风景资源。娘子关风景名胜区的主要特色有二：

其一为雄关险道。地处太行山脉中部绵山山麓的娘子关，扼晋冀之咽喉，开三晋之门户，地势险要，素为兵家必争之地。战国赵长城、汉代董寨、隋代岩崖大道、唐代承天军城、明代娘子关等，自古以来都在防御与战争中扮演着极其重要的角色。自春秋时期的秦王伐赵，至抗日战争时期著名的娘子关防御战，这些关口记载着中国历史几千年的风云变幻。而作为太行八陉之一井陉的重要节点，娘子关成为古今太行山的交通要道，作为连接河朔的商贸之路，把握着晋冀京津的经济命脉。

其二为崇山秀水。依托太行山脉支脉绵山，娘子关风景名胜区以其险崖奇峰、飞瀑流泉，形成了优美壮丽的山水景观。以绵山、承天山为代表的山野风光，峰峦叠嶂、崖悬壁立，蔚为壮观。以桃河、温河、平阳湖、娘子关瀑布为代表的河湖景观，或飞流直下，或波澜不惊，引人入胜。而娘子关泉水在村中穿街过巷，形成了独特的村落风景。

娘子关凭借着其优美雄壮的自然风光和沉厚博大的人文景观，获得了"万里长城第九关"和"塞北小江南"的美誉。其主要景点如下：

娘子关。 位于娘子关镇中心区偏东，原名苇泽关，始建于北齐文宣帝天保六年（555年），经历朝扩建修复，现存城堡为明嘉靖二十一年（1542年）所筑。传说唐太宗之妹平阳公主曾率兵驻守此关，故得名"娘子关"。遗址东、南各有城门一座，城内有宿将楼、关帝庙、点将台、真武阁等。关内街巷民宅仍保留传统风貌，古时兵营、马厩尚有遗迹可循。

固关长城。 位于娘子关南部约6公里，通过长城与娘子关相接。曾为先秦九塞、太行八陉的重要节点之一。作为连接晋冀的交通要道，见证了许多重大的历史战事。现存关城砖券拱门较为完整，城墙主体保存尚好。作为曾经的"京西四大名关"之一，威严雄浑之势不减当年。

承天寨。 位于温河与桃河之间，最高处海拔879米，居高临下，俯瞰四方。唐大历元年（766年），张奉璋奉旨在承天山上修筑城堡，唐代宗赐名"承天军城"，取意"信承于天"。北宋时，改称承天寨。承天寨是娘子关历史上规模最大的古代军城，在唐代平定安史之乱中发挥了重要作用，也曾是名震唐、宋、明数朝的天下雄关。

娘子关瀑布。 挂于娘子关城下悬崖之上，上接雄关，下临绵河，气势磅礴。娘子关瀑布古称"悬泉"，在历史上颇为著名，历代文人政客都曾来此游览并留下诗词楹联。瀑布如飞龙入水，银练飘舞，周边峭壁入云，流水通幽，与传统北国风光大异其趣，颇有几分江南风韵。

水上人家。 娘子关村内有咕嘟泉、水姑洞等泉水流过，围绕全村的水网在村内穿街绕巷，潺潺而行，形成了水过门前，人居水上的独特景致，被称为"水上人家"。被水环绕的民居，随处可见的水磨，自然原生的田园，构成一幅美丽迷人的乡野画卷。

平阳湖。 位于娘子关村西的绵河河谷，是一处结合自然地貌建成的峡谷湖泊。平阳湖河岸蜿蜒曲折，呈葫芦状，泛舟其上，看两岸峭壁直挂，花草遍野，怪石嶙峋，别有一番人在画中游的趣味。

张果老洞。 位于娘子关镇北5公里仙翁山。相传八仙之一的张果老曾在此修炼，故得名。张果老洞为我国北方少有的水溶性石灰岩天然石洞，洞深200多米，面积达500多平方米，大小伞状洞厅20多个。洞内钟乳石层层叠叠，形态各异，栩栩如生。洞内还有白色蝙蝠栖息，与钟乳石相映成趣。

崇岩寺。 位于娘子关西10公里山上，因寺院建于悬崖之上，故名崇岩寺。寺相传始建于唐代，由山门、二门、主体建筑和石窟组成。寺门西天楼为寺内最高建筑，砖石结构。北侧罗汉洞石窟自然形成，殿内有如来佛、十八罗汉造像，工艺精美。

娘子关城楼

固关城内

娘子关街巷

固关城楼

平定县娘子关风景名胜区

盂县 藏山—水神山 风景名胜区

藏山—水神山风景名胜区位于盂县北部，包括藏山景区和水神山景区。

藏山景区。位于盂县城北17公里的藏山村东，因春秋时期赵氏孤儿藏匿于此而得名。"赵氏孤儿"的故事在中国家喻户晓。晋景公三年（公元前597年），晋景公好坏不分，忠奸不辨，听信奸臣屠岸贾谗言，迫害忠良，将忠心辅国的前朝功臣名相赵盾的后人赵朔、赵括、赵同等几家共几百口人满门抄斩。所幸赵朔的妻子庄姬因身为晋国公主且藏身于晋景公宫中，方得以保全性命。庄姬当时身怀有孕，不久后产下一男孩，取名赵武。为保全赵家血脉，赵朔门客程婴挺身而出，设法躲过屠岸贾的搜索，救出赵武，来到盂县藏山隐藏。直到15年后，赵武长大成人，才杀死屠岸贾，报了灭门之仇。

藏山南北双峰对峙，名曰"二嶂"。"南嶂"耸然笔立，名为"笏峰"，峰东的山路崎岖蜿蜒，攀登而上，可以到达南天门。"北嶂"石峭如屏，依山崖建造殿宇。藏山自然风光优美，峰峦叠嶂，峭壁飞岩，松苍柏翠，以幽、秀、奇、雄著称。金大定十二年（1172年）刻立的《神泉里藏山神庙记》载："邑之北远一舍，连山岌岌，峻极于天，天险而不可升，地险而舟车不通，人迹所不及者曰藏山。藏山之迹，赵朔友人程公藏遗孤之处也"。

藏山古有"十景"，即"龙凤松"（位于藏山入口处，为两株千年古松树，一为龙松一为凤松）、"饮马池"（位于藏山神祠左侧的山泉，清澈见底）、"笏峰"（藏山神祠之南的山峰，形似古代大臣的"笏板"）、"南天门"（位于笏峰东侧）、"龙洞"（北山顶的山洞，状如龙盘曲于洞中）、"滴水岩"（藏山神祠东峰脚下的天然岩洞）、"日落晚照"（又称"神光返照"，位于滴水岩上方的崖壁之上）、"黑龙潭"（在北山和东山交会处的圆形石池，池中水色如墨，终年不涸）、飞岩楼（建在北山凌空崖的半壁间）、藏孤洞（位于藏山神祠后，因藏赵氏孤儿而得名）。

景区规划面积12余平方公里。景区内主要建筑遗产是藏山神祠。该祠创建年代不详。金大定十二年（1172年）刻立的《神泉里藏山神庙记》中载："此方之人为立庙貌，其来远矣，岁岁血祭，远近归祷"。现存的藏山神祠主要为明清所建，坐北朝南，依山势而建，中轴线上依次建有照壁、牌坊、山门、戏台、正殿、寝宫和梳妆楼，两侧建有钟鼓楼、配殿等，大多系清代建筑。正殿面宽五间，殿内山墙和后檐口墙有近70平方米的壁画，描绘了赵氏孤儿生平故事。

水神山景区。位于盂县县城东北5公里，由形似"山"字的三个山头组成，主峰（中峰）海拔1091米，东西两峰拥抱主峰。景区森林茂密，古柏苍松，四季风景秀丽，尤以春季的"林海花浪"和秋季的"霜染红叶"最为著名。

山腰建有烈女祠，亦称柴花圣母祠，为祭祀后周（951～960年）世宗柴荣之女柴花公主而建。相传后周皇帝年幼，契丹入侵，朝廷派赵匡胤北上抵御敌人。不料中途发生"陈桥兵变"，赵匡胤黄袍加身，取后周而代之。周世宗之女柴花公主，从小性情刚烈，不甘心屈服于赵宋，连夜出逃。柴花公主来至水神山，在此休整，觉得复国无望，便自尽于水神山抱泉楼侧一颗枣树上。当地民众为了纪念这位忠烈女子，立祠纪念。

烈女祠现保存较为完整，坐北朝南，依山而建，前后三进院落，中轴线上有照壁、牌坊、过殿和正殿，两侧为钟鼓楼和配殿。祠内现存清代壁画30余平方米、塑像26尊。其中正殿内供有圣母坐像一尊，高1.5米，端庄慈祥，两旁奉侍女塑像10尊，或手托玉盘、或肩搭香帕，神态各异，栩栩如生。殿内两侧墙壁绘山水人物、云龙花鸟，色彩丰富。祠西北有两天然石洞，即修真洞、藏身洞。洞南山崖边建有抱泉楼三间、

藏山神祠

藏山藏孤洞

藏山保孤祠

藏山摩崖石窟和阁楼

藏山及藏山神祠

藏山神祠牌坊

水神山烈女祠

盂县
藏山—水神山风景名胜区

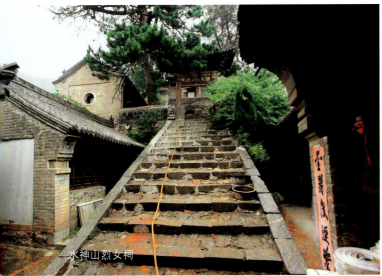
水神山烈女祠

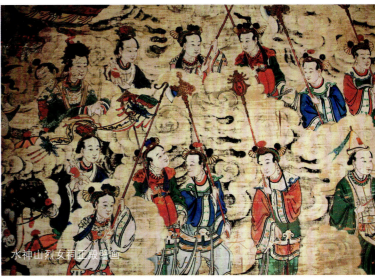
水神山烈女祠正殿壁画

水神山烈女祠正殿壁画

阳泉市
小河—官沟古村落
风景名胜区

小河古村落景区。 小河村隶属于阳泉市郊区义井镇，距市中心4公里，占地面积4平方公里。小河村建筑遗产丰富，其中重要的古建筑群有石家大院、关帝庙和观音庵等。石家大院最初是同村的一大户所建，因这户人家中有变故，于是便把还在施工中的大院卖给石思虎家。此后，石思虎的儿子石宽修建大院。石宽有四个儿子，所以，就将石家大院分为了四堂，分别是崇德堂、含清堂、明远堂和三元堂。清代时，石家的商号众多。据村里的老人回忆，过去从平定到北京的驿道旁，有不少石家的商号。

石家花院背山面水，始建于清雍正年间，呈阶梯式布局，主宅是由21个小院组成的一个大院。石家花院选址讲究，坐西朝东，背山面水，环境优美。其布局呈阶梯式布局。石家花院虽名为花园，实际上是大院，大致分为三个层次，并用各种通道和门洞将这些20余处院落联系为一体，院中有院，院上有院，院旁有院。石家大院的"三雕"艺术精美绝伦，分布于门楣、挂落、雀替、门柱石、柱础石、影壁、窗棂、隔扇及前檐饰品上。据初步统计，石家大院有木雕450多件，有砖雕和石雕各300多件。这些雕刻艺术品含义深刻，造型优美，雕刻精巧，多取材吉祥内容。石家大院还有很多匾额，如曹锟题写的"急公好义"、平定知州孔广培题写的"乐善好施"、"福其延畴"、"锺瑞凝晖"、"爽挹西山"等。这些墨宝增加了浓郁的文化气氛。

关帝庙始建于明崇祯八年，依山而建，规模宏大，占地约2000平方米，从山下往上依次有戏台、观戏场、端门及钟鼓二楼、南北精舍、过门无梁殿及左右配殿、文昌殿、虫王殿，最高处为武圣殿（俗称正殿），错落有致，蔚为壮观。村中观音庵建在山崖上，崖托庵，庵附崖，奇险雄壮。根据庙中碑刻，观音庵正殿不知建自何代，但庙中牌坊建于清嘉庆二十一年，灵官殿与送子观音殿建于清道光四年。

小河村除了石家大院、关帝庙、观音庵等为重点文物保护单位外，还有30余座保存完整的商铺和民居院落，如当铺院、老财主院等。这些院落同样有很高的保护价值。

总之，小河村选址讲究，布局合理，规模宏大，文物荟萃，建筑集中，实为中国古村镇中的奇葩。

官沟古村景区。 官沟村位于阳泉市郊区西北部，北、西、南三面邻山，东侧紧邻官沟河。约清康熙年间，赛鱼村张氏六世张文秀迁居官沟，这应是官沟张氏的始祖。官沟张氏祖上以务农为生，逐渐转为经商，其所开商号店铺统称"永"字号。"永"字号最为兴盛的时期大约始于清道光十年（1830年）前后，光绪年间，进一步扩大了经营范围，由经营单一的铁货发展到绸缎布匹、钱庄票号、粮油面米、典当租赁、日用杂货、旅店茶庄等各个方面。鼎盛时期，其资本约为三四十万两白银，大小铺面达四十余处，从业人员二三百人。

随着张氏家族的发展和壮大，官沟村张氏族人中出现了多位尊师重教、爱国爱民的杰出人物，最为有名的要数张士林、张恒寿、张梅林这三

位。张士林（1856~1927年），字墨卿，清封奉政大夫赏戴花翎候诠同知太学生，因其爱国爱民、扶危济困、热心教育而受到人们的尊敬和爱戴。

官沟古村（包括沙湾部分）的路网较为密集，且互为交通，将村内的古建筑大体划分为四大组团。首先是上巷的条形建筑群，包括义和堂、致和堂及其配院和附属院落。下巷的建筑群可分为两大组团，呈八字形向下发展。其中偏南一支为忠信堂、长庆堂以及饲养院、打更房等附属院落，偏北一支是德庆堂和崇本堂及其场院、配院等附属院落。第四大组团为沙湾建筑群，处于山脚下地势较高的地段，包括敦厚堂、进修堂，二者合建成双喜院形式，共3进院落。修建时极为富丽堂皇，惜"文革"期间毁坏严重。

小河古村（中国历史文化名村）石家大院远眺

小河古村石家大院鸟瞰

小河古村关帝庙内景

小河古村石家大院屋顶

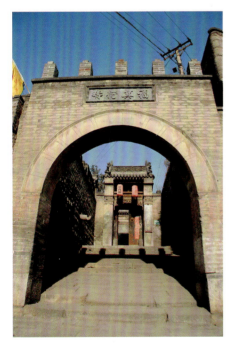

小河古村石家大院三元堂门楼

小河古村石家大院通风口

小河古村石家大院内部通道

官沟古村全景

官沟古村致和堂门楼和巷道

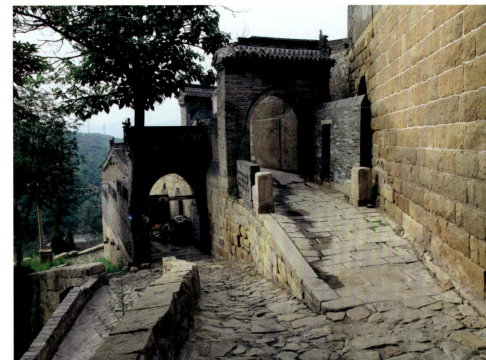

官沟古村北栅

官沟古村崇本堂门楼

长治市 老顶山 风景名胜区

老顶山风景名胜区包括老顶山景区、湿地景区、城隍庙景区和观音堂景区，2009年被公布为省级风景名胜区。

老顶山景区。 位于长治市东北，东部与壶关县接壤，北部与平顺县、潞城县相邻，南边邻接长治县。老顶山又名百谷山、五顶山、北珏山，呈南北走向，东西宽约3公里，南北长约8公里，方圆40余平方公里，森林覆盖率达67.8%。老顶山由五个山峰组成，故称五顶山，由北至南依次为老顶、梳妆顶、玉皇顶、奶奶顶和新顶。老顶为五峰中最高峰，海拔1378米。老顶山历史悠久，风景秀美，自然资源丰富，自然地貌奇特俊秀，森林动植物种类繁多。传说炎帝神农氏在此"尝百草、制耒耜、教民农耕"。北宋《太平寰宇记》中记载："百谷山（老顶山）与太行、王屋皆连，风洞泉谷，岩壑幽隧，最称佳境，昔神农尝百草得五谷于此，因名山建庙"。《潞安府志》中称百谷山（老顶山）："其峰峦环抱之蕴，岩壑峥嵘之奇，他山所未见"。老顶山峰峦碧翠，松柏奇秀，林木繁茂，绚丽缤纷，有丰富的自然景观及人文景观，其中自然景观有石海微澜、雄狮卧岗、鉴天石、五顶擎天、石丛缀菊、寒泉绝胜、危崖耸空等，人文景观有享誉上党的潞郡八景之首的"百谷寒泉"以及炎帝像、九龙宫、百草堂、滴谷寺院等。

湿地景区。 位于长治市区西北部的漳泽湖南部，距离城区3公里，总面积约744.8公顷，地貌典型，景区内河道纵横，自然资源丰富，景观优美，一年四季风景各有千秋，春花秋叶，风霜雨雪，朝晖夕阴，气象万千。景区内还有丰富的生态资源，有52科217种高等植物，栖息有天鹅、野鸭、黑鹳等16目40科162种鸟类和5组25种主要水生动物，有近万亩芦苇荡和上千亩湿地防护林，具有较高的保护、观赏、文化和科学价值。

观音堂景区。 位于长治市郊的小常乡梁家庄村，距离市区约3公里，主要为明代建筑，以明代彩塑悬塑闻名。据石碑记载，观音堂始建于明万历十年（1582年）。观音堂坐东向西，总占地面积5722平方米，建筑面积350平方米，现存两进院落，中轴线上依次有山门、天王殿、观音殿，两侧有钟鼓二楼及配殿，环境优雅，院落中央有一棵千年古柏，高耸参天，挺拔茂盛。观音殿为主殿，单檐悬山顶，面宽三间，进深两间，殿门正中悬挂明代兵部侍郎部钦于明万历十一年（1583年）所题的镏金匾额，上书"观音堂"。殿内现存明万历年间的彩塑悬塑500余尊，人物形象各异，为明代彩塑珍品。正中佛坛上为佛教"三大士"，即观世音菩萨、文殊菩萨和普贤菩萨，中间梁架上塑有释迦牟尼、老子、孔子三教祖师，两侧的佛台之上分别有十八罗汉，罗汉之上为二十四诸天、十二圆觉菩萨，还有玉皇大帝、西王母、八仙等道教人物，以及孔子的七十二弟子。

城隍庙景区。 原为潞安府城隍庙，位于长治市东大街庙道巷，始建于元至元二十二年（1285年），明洪武五年（1372年）重建，其后明成化年间、正统年间都曾修缮。城隍庙气势雄伟，占地面积1.2万平方米，建筑面积3000余平方米，共有殿宇175间，中轴对称，共三进院落，中轴线上依次建有山门、戏楼（下面为二道山门）、献亭（香亭）、大殿、寝宫，两侧有角殿、耳殿、配殿、厢房等。其中，大殿为元代建筑，寝宫、戏楼、建于明代。山门面宽五间，重檐歇山顶，两侧有掖门。戏台创建于明正德三十四年（1555年），和二道山门组合为一体。大殿面宽五间，单檐悬山顶，外檐柱均为石柱，带侧高，高大雄伟。大殿前的献亭内有两只大铜香炉，铸造非常精美。寝宫明三间暗五间，前檐出廊。

老顶山

老顶山

长治湿地

长治湿地

观音堂献殿

城隍庙戏台

观音堂塑像

观音堂塑像

黎城县 黄崖洞 风景名胜区

黄崖洞风景名胜区位于黎城县北部的板山岭下，海拔多在1500~2000米，景区面积14平方公里，是一处集自然风景与革命遗迹于一体的风景名胜区，2009年被公布为省级风景名胜区。因这里的岩石崖壁呈黄色，且山中峭壁上有一天然石洞，而得名"黄崖洞"。

黄崖洞因建有黄崖洞兵工厂而闻名天下。黄崖洞兵工厂是抗日战争时期八路军创建的最早的、规模最大的兵工厂。"黄崖洞保卫战"就是为了保卫这一兵工厂而进行的坚守防御战，也是抗日战争期间较为成功的战役之一。1985年3月22日邓小平同志为"黄崖洞"题名。

景区内主要景点有：

瓮廊险道。又称"瓮圪廊"，是从东面进山的惟一通道，因总体形似以前蓄水用的深瓮而得名。两侧山峰巍峨耸立，山势如削，形成一条略呈S形的天然瓮廊，长约500米，宽仅丈余。中间地势较低，恰如瓮底。山上一条瀑布飞落瓮底，形成一潭碧绿的深水。从瓮廊低头俯视瓮底，曲折幽深，宁静致远。从瓮底抬头仰视，蓝天一线，空旷静谧。北面的峭壁上，一座石梯依山而凿，分为上下两段，共120余阶，中间有吊桥连接。该处地势险要，且极为隐蔽，易守难攻，有"一夫当关，万夫莫开"之称，这也是八路军兵工厂选址于此的重要原因。八路军小战士崔振芳曾在此浴血奋战，一人打退日军十余次进攻，最后英勇牺牲。

板山胜景。板山有"太行雄姿"、"太行日出"、"太行云海"、"太行秋色"等著名景观。由板山观日出云海，赏太行秋色，看万山红遍，层林尽染。

高山公园。为瓮圪廊上方豁然开朗的一处山间盆地，湖光山色，碧波潋滟，山泉淙淙。

倭宝塔。又称"镇倭塔"，为高山公园西南处一座锥形山峰上耸立的一座锥形宝塔。塔高7米，以整块青石砌筑。登塔极目远眺，四周美景尽收眼底。

烈士陵园。由烈士公墓、烈士纪念塔和纪念馆组成。烈士公墓中安葬的是在黄崖洞保卫战中英勇牺牲的将士，公墓前有一块高达7米的石碑，上面刻有43位英烈的姓名，还有当年保卫战的指挥官欧致富撰写的碑文，庄严肃穆。"黄崖洞纪念馆"中珍藏有大量珍贵的资料、实物和照片。陵园前面有九组笔直的青石台阶，两侧松柏四季常青。

黄龙古洞。又名黄龙洞、黄岩洞或黄烟洞，是一座高25米、宽18米、深72米的巨型天然石洞。相传洞内曾有一条黄龙居住，故而得名。黄龙古洞是抗日战争时期兵工厂的物资和弹药仓库。

兵工厂旧址。黄崖洞兵工厂旧址占地约2平方公里，于1939年建成投产，是当时华北地区最大的兵工厂，曾生产有"五五"式步枪、"八一"式步枪、地雷、手榴弹等。可惜原址已毁，现存建筑为1985年当地政府根据李保生、王应等的回忆重建，包括机工房、锅炉房、图书馆和装配车间等。

桃花古寨。位于黄崖洞东北的山巅。传说周朝时曾有桃花女在此募集将士，为父报仇，故而得名。现仍遗留有桃花女梳妆台、点将台、跑场、征战坪等。该处地势险要，易守难攻，四周皆为悬崖峭壁，山势险峻，中间仅有一条宽约丈余、非常陡峭的小道通往寨顶。在黄崖洞保卫战中，日军在瓮圪廊屡攻不下，便转为重兵攻击此处，我军将士英勇抗敌，谱写了一篇可歌可泣的英雄故事。

九凤朝阳。黄崖洞周围有九组形似凤凰的山峰，均向阳，故称为"九凤朝阳"。

将军屋。为左权将军当年办公和居住处，面积约10平方米，高不足2米，因地就势，依崖而建，就地取材，用当地石片垒叠而成，极具原生态韵味。黄崖洞战役前夕，左权将军主动将自己的房子让给当时任八路军总部特务团长的欧致富作为婚房。

黄崖洞风景名胜区自然景观、人文景观集中，是一处集生态、游览、科教、休闲、文化于一体的综合型风景名胜区。黄崖洞周围悬崖绝壁，奇峰异石，山势陡峭高耸，树木苍翠繁茂，瀑布溪流奔腾不息，集太行雄奇、壮美于一体。黄崖洞也是一处值得纪念的近代红色革命圣地，朱德、彭德怀、左权、刘伯承、邓小平等都曾在此工作或战斗

黄崖洞自然风光

黄崖洞自然风光

黄崖洞自然风光

黄崖洞自然风光

黄崖洞自然风光

黄崖洞洞内

黄崖洞

黎城县黄崖洞风景名胜区

沁源县 灵空山 风景名胜区

灵空山位于沁源县县城西北约30公里处的灵空山镇，原名"九顶山"，因佛教活动兴盛而更名"灵空山"，海拔高度约1800～2000米。

灵空山属太岳山脉，西邻霍山主峰，北邻绵山，南靠黄梁山，东连老爷山和云蒙山，地势西高东低，呈南北走势，总面积约300余平方公里。灵空山植被丰富，森林覆盖率高，达95%以上，具有良好的生态环境，有"天然氧吧"之称，生长有阔叶树十余种。清代张震曾在《游灵空山》一诗中赞道："闲步灵空上绝巅，始知名胜不虚传。奇峰路险才通鸟，古寺云深别有天。户外松风涛处处，窗中溪雨雾绵绵。须眉前后真如画，看到浓时万虑捐。"

灵空山境内沟壑纵横，中心由三座山峰相交，形成一"Y"字形沟谷。沟谷的东北方向为将军墓沟，西北方向为草沟，南部为风洞沟。沿着这三条沟谷，就形成了灵空山景区的三条主要景区路线。其中，以风洞沟一线最具特色。

风洞沟长约7公里，自仙桥始，向东南向延伸。一路悬崖峭壁，险象环生，山形如削，鬼斧神工，沿途有山塔崖、叠翠峰、前后寨门、龙胆、龙尾、望壁回头、后寨门、唐王谷、唐王寨等景点。

草沟长约4公里，经圣寿寺，自西北方向延伸。一路山花烂漫，峰峦叠嶂，景色宜人，被誉为"蝴蝶谷"，有绝壁垂藤、草沟流瀑、别有洞天、大小石浪屿、野猪坡等景点。

将军墓沟位于圣寿寺东北，自仙桥始，向五龙川方向延伸。沟中有一座荒丘，相传一位将军因劝说李侃太子返朝而追随至灵空山，并最终死于此地并埋葬，故称为"将军墓"。沟中水声潺潺，湖光山色，皆倒影池中，被誉为"十里画廊"，沿途有"将军墓"、"百米龙槽"、"燕子崖"、"虎潭映月"等景点。

三沟交会处有圣寿寺，为佛教圣地。圣寿寺始建于唐景福二年（893年）。据史料载，唐懿宗第四子李侃因避黄巢起义之难，逃亡此处，并皈依佛门，后坐化于净身窑，死后被封为"先师菩萨"。北宋端拱二年（989年），宋太祖赵匡胤赐额"圣寿寺"，并一直沿用至今。清嘉庆十三年（1808年）、道光十九年（1839年）均有重修。现存建筑为清代所建，共有五座院落，相互贯通，又各有山门。寺内有大殿、观音殿、地藏殿、关帝殿、藏经楼、僧舍等建筑。寺院东侧的石洞中，建有茅庵一座，绝壁凌空。

寺院山门前左右两侧，有仙桥、峦桥。据圣寿寺明正德九年（1514年）《重修灵空山圣寿寺碑记》中"峦桥、仙桥，俱各圆备"，可知这两座桥梁最晚于明朝中期时均已建成。

峦桥位于圣寿寺西50余米，建于悬崖之上，横跨南北，长5米，宽4米，是我国现存古桥中的珍品。桥基用15根55～65厘米粗的圆木组成桥梁，桥上建有五间长廊，木质柱础，雕梁画栋，上有一整条独木额枋通贯全桥，造型优美，构思精巧，独具匠心。峦桥南100米处有圣水泉，峦桥旁有甘露泉，水质甘甜，终年不绝。

仙桥位于东峰山脚下，距圣寿寺东

约500米，是由圣寿寺通往东峰东钟楼的必经之道。仙桥地理位置优越，环境优美，地处将军沟、草沟、风洞沟三条峡谷交汇之处，同时又是多条河流的汇集地。仙桥为单拱石桥，桥上建有三间砖木结构长廊，古朴典雅。

灵空山以油松为主要树种。现存古松树主要集中在圣寿寺周边1公里的区域内，树龄在300年以上的古树有100余株。因灵空山为佛教名山，所以山上的古树常冠以特殊的名字，如"九杆旗"、"一炉香"、"二仙传道"、"三大王"、"一佛二菩萨"、"八大金刚""十八罗汉"等。其中，以"九杆旗"最为著名，高50余米，主杆直径1.6米，树龄约800年，其主干出土后，分为三叉，后又分为九株，枝叶茂盛，被称为中国"油松之王"，为灵空山的标志之一。

九杆旗松树

圣寿寺鸟瞰

圣寿寺山门

峦桥

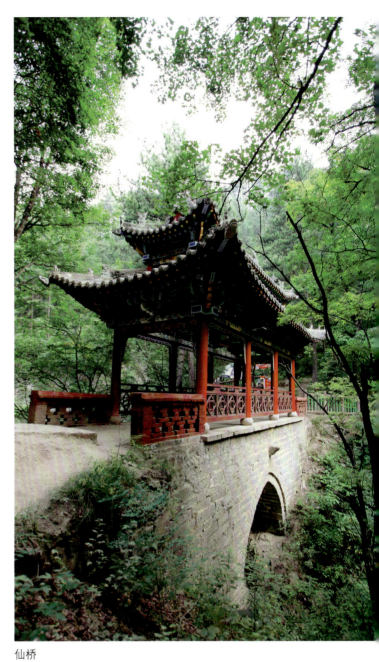
仙桥

茅庵

茅庵

松树林

平顺县 太行水乡 风景名胜区

太行水乡风景名胜区位于平顺县城东北部，是浊漳河大峡谷形成的风景名胜区，西起平顺县实会桥，至河南林州河口桥，全程53公里，景区面积约430平方公里，2009年被公布为省级风景名胜区。沿岸山明水秀，风光旖旎，素有"太行水乡"之称。区域内水资源丰富，次生森林茂密，生态保持较好，资源类型多样。同时，景区中文化遗产亦非常丰富。主要包括的景区如下：

柳树湾景区。 柳树湾全长5000米，上依八百翠微峰，下临三千浊漳水，西起北耽车村，东邻天鹅湖，因沿河两岸绿柳成荫而得名。柳树湾三曲六弯，十里平湖，垂柳依依，鸭鹅戏水，甚为优美。

恐龙谷景区。 又名红岩谷，因谷中遍布红色石崖，状似恐龙而得名。恐龙谷中奇峰叠翠、飞瀑垂帘，有红旗渠、漳河第一瀑布、天然浴池等景点。

南垴山景区。 位于北耽车乡的南耽车村，古时称明山，现称南垴山，有200余公顷天然次生林，以白皮松为主。其中宋代的松裹柏树，为一大奇观，松柏两种枝叶从同一树干中生出，枝繁叶茂，被誉为"中华霸王松"。

天鹅湖风景区。 位于赤壁悬流上游，面积20多公顷，可蓄水90万立方米。每年入冬，这里有成群结队的天鹅在此栖息，因而人称"天鹅湖"。这里芦苇漫天、垂柳依依、芳草青青，环境优美。

天台庵景区。 位于平顺县城东北25公里的王曲村口的坛形孤山上，创建年代不详，现仅存大殿，坐北朝南，是中国目前仅存的四座唐代木结构古建筑之一。院内另有唐碑一通。

大云院景区。 又名大云寺，位于平顺县西北的实会村北的龙耳山山腰，南临漳水，其余三面环山，林木交荫，僻静幽深。据碑文记载，创建于后晋天福三年（938年），宋太平兴国八年（983年）敕令改为大云禅寺。现存寺院坐北朝南，二进院落，中轴线上有天王殿、大佛殿、三佛殿。大佛殿为正殿，又称弥陀殿，因供奉阿弥陀佛而得名，现存建筑为五代遗构。殿内现在东壁、北壁东隅和扇面墙上遗存46平方米五代壁画，弥足珍贵。大云院外左侧留存有"七宝塔"，为五代后周显德元年（954年）建造，平面呈八角形，总高约6米，原为七层，现存五层，是我国现存极少的五代石塔中的不可多得的精品。

龙门寺景区。 位于平顺县城西北65公里的龙门山山腰，周围山峦耸峙，山环水绕，景致优美，环境清幽。根据碑文记载，寺院创建于东魏武定二年（544年），五代后唐、北宋时期均有较大扩建。北宋建隆元年（960年）达到极盛，太平兴国年间（977～984年）额赐龙门寺，后经金、元、明、清历代重修。寺院西配殿为五代后唐建筑，大雄宝殿为宋代建筑，天王殿为金代建筑，燃灯佛殿为元代建筑。寺外有祖师坟茔1处，寺院东南坡有和尚坟10余座和宋明等历代墓塔4座。

明慧大师塔景区。 位于县城东部35公里虹梯关乡虹霓村，四面环山，是晚唐高僧明惠禅师的墓塔。明惠禅师死后，皇帝赐封"大师"，塔随其封号命名。塔为单层亭阁式方形石塔，通高9米。塔基方形，上有束腰须弥座，每面设壸门四个，门内雕有石狮十六尊，形态不一。塔身方形，南面开方形门，内有八角莲花藻井。塔刹四层，逐层缩

小，最上设锥形宝珠一枚，雕工精细。

淳化寺景区。 位于平顺县城东北50公里的阳高乡阳高村中，四周环山抱水。根据碑文，创建于唐，后多有修葺。现仅存大殿，面阔三间，进深六椽，平面近方形，单檐歇山顶。淳化寺内还保存有北宋开宝三年（公元970年）青石质经幢两座，高约3米，平面呈八角形，楷书阴文，刻工精湛，图案、字迹清晰可辨。

九天圣母庙景区。 位于平顺县城西10公里处的东河村村西，耸立于山冈之上，南、北、西三面均为悬壁，东面与场院相连，地势险要。始建年代不详，宋建中靖国元年（1101年）重修。明崇祯五年（1632年）再次重修。九天圣母庙坐北朝南，中轴线上由南向北依次建有山门、献殿、圣母殿等。庙内现存有宋代到民国之间的碑碣共32通，亦非常珍贵。

柳树湾

恐龙谷瀑布

恐龙谷景区

大云寺鸟瞰(全国重点文物保护单位)

大云寺山门

大云寺院落

大云寺大雄宝殿

大云寺五代壁画

大云寺七宝塔雕刻

天台庵（全国重点文物保护单位）

龙门寺鸟瞰（全国重点文物保护单位）

龙门寺五代壁画

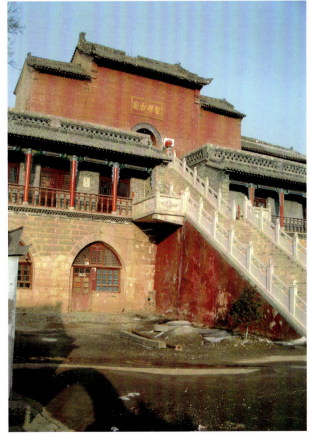

九天圣母庙(全国重点文物保护单位)

明慧大师塔（全国重点文物保护单位）

淳化寺（全国重点文物保护单位）

佛头寺（全国重点文物保护单位）

平顺县神龙湾—天脊山风景名胜区

神龙湾—天脊山风景名胜区主要由神龙湾景区和天脊山景区组成。

神龙湾景区。 位于平顺县城的东南部45公里，景区面积22.5平方公里。因为处于深山峡谷底，四周悬崖绝壁，其形如井，故称"井底"。这里山川起伏，绝壁对峙，峭壁生辉，群峰高耸，雄奇峻险。山上奇松怪石，山下清泉流淌。山上和山下温差很大，有时山上白雪蒙蒙，而同时井底花木青翠。每到雨季，山间云雾缭绕，景色壮观。

主要景点有石头街、老洞沟、祥云湖、恐龙谷、哈喽梯等30多处。

石头街。位于井底村。井底村曾是晋豫两省古道上的商贸点，明嘉靖年间建村。整个古村多用石材建造，有石头街、石头房、石板院、石头墙、石头碾子等，朴素亲切。其中，石头街巷尤其幽静深邃，极富原生态性。

老洞沟。为井底山的西大门，因沟内山洞众多而得名。沟里有龙王宫、莲花池、狐仙洞、日洞等景观。

哈喽梯。位于井底村与老洞沟之间。旧时，从井底村到狐仙洞约需4个小时，攀越1万多个哈喽梯，人们气喘吁吁，所以得名"哈喽梯"。现在，当地老百姓在陡峭的山间开凿了36个穿山洞，乘车只需要半个小时就能到达狐仙洞。

祥云湖。位于井底村。因湖的西岸有一洞穴，洞穴中常年涌出甘泉水，有时会冒出白雾，传说白雾象征着天降甘露，昭示风调雨顺，白雾有祥云之意，故得名"祥云湖"。湖水深22米，非常清澈。由于是泉水汇集，所以冬天不结冰。

天脊山景区。 天脊山景区森林茂密，景色秀丽，岩洞幽深，山花烂漫，古称"七里廊梯，五里险栈，石崖夺天，仄登千回，仰瞻失明，俯临蔽霾，观者骇魂，行子心摧"。

第一瀑。高差约350米，壁立千仞，飞瀑奔涌跌荡，非常壮观，撼人心魄。瀑布周边山岭纵横，林茂石奇，浑然天成。旁有观瀑亭。

抚琴台。为一巨石，上修亭子，山泉环绕，伴随着潺潺泉水，引指抚琴，甚为欣悦。

云崖栈道。在百丈悬崖绝壁上，

有云崖栈道，整个栈道距离地面400余米，被称为"太行第一栈道"。在栈道上，可以欣赏天脊山雄姿，可以观看山下云海翻腾，可以体会在云中雾中之感觉。

水母泉。神牛峰脚下，水母泉一泻千里，落入深不可测的石坑，水花四溅。

神龙湾景区飞瀑

神龙湾景区山峰突兀

神龙湾景区山峰挺立

神龙湾景区湖面

神龙湾景区山峰

神龙湾景区绝壁

神龙湾景区峡谷和绝壁

神龙湾景区挂壁公路

神龙湾景区峡谷、山峰和小路

神龙湾景区突兀的石头

神龙湾景区峡谷180°转弯

天脊山景区湖面和小桥

天脊山景区太行山第一瀑布

天脊山景区突兀的山顶

天脊山栈道（通向河南）

天脊山景区

天脊山景区栈道

天脊山景区栈道对面的山峰

天脊山景区湖光山色

天脊山景区绝壁

武乡县 太行龙洞 风景名胜区

太行龙洞风景区位于武乡县东部，位于太行、太岳两大山脉之间，地处马牧河、浊漳河交汇的地方，自然风景优美，山奇水秀，气势雄伟，主要包括太行龙洞景区和八路军总部景区，2010年被公布为省级风景名胜区。

太行龙洞景区。 太行龙洞景区由中心的龙洞和四周的山岭组成。太行龙洞迄今已有5.7亿年的历史，景观独特，有较高的欣赏价值和考古、历史价值，堪称华北龙洞之首，共有4层，总长度314米。其中，第一层、二层长90米，高30米，有三个大厅；第三层长224米，有两厅两洞；第四层尚未考察。龙洞各层景观丰富，颇具南方溶洞的特点。第一层溶洞内有巨大的碳酸钙石柱，直径达2.5米，还有"公主观瀑"、"钙华花丛"等景点。第二层溶洞内有"菇丛塔林"、"群英荟萃"。第三层溶洞内有"护洞金狮"、"迎宾花塔"、"石笋蜡烛"、"百花争艳"等。观龙洞，令人叹为观止，不禁感叹大自然的巧夺天工。

八路军总部景区。 八路军总部景区包括八路军总部王家峪旧址、八路军总部砖壁旧址、八路军太行纪念馆。

八路军总部王家峪旧址、八路军总部砖壁旧址均位于武乡县城东部，于1961年同时被国务院公布为全国第一批重点文物保护单位。八路军王家峪旧址位于一条峡谷内，包括东、中、西3个院落、14孔窑洞、15间土瓦房。抗日战争时期，八路军总司令部和中共中央北方局曾在此驻扎（1939.11～1940.6），这里曾经是指挥全国抗日战争的总指挥部。朱德总司令、左权将军、彭德怀副总司令、刘伯承、邓小平、陈赓、杨尚昆、陆定一、杨立三等首长均曾在此居住并多次召开重要会议，著名的"百团大战"作战计划即在此部署形成。朱德总司令曾在此栽种了白杨树，如今已枝繁叶茂、郁郁葱葱。总部附近的蟠龙镇还有抗大总校旧址，当时是我军重要的人才培养基地。由何长工任校长，罗瑞卿任副校长，校内设有4个团、两个女生队、1个特科大队，当时共培养了1万多名优秀的共产主义战士和抗战积极分子，为抗战胜利乃至解放战争的胜利发挥了不可磨灭的作用。蟠龙镇抗大总校旧址现已成为全国重点文物保护单位和重要的爱国主义教育基地，内设10个展厅，有珍贵的历史照片400多张，生动地再现了抗战时期八路军将士艰苦卓绝的生活场景和顽强不屈的革命斗志。八路军总部砖壁旧址是除王家峪外，我八路军总部在太行山区的另一重要驻地，包括一个农家院落和玉皇庙、佛爷庙、李家祠堂等。该处地势险要，易守难攻，悬崖万丈，峰峦叠嶂，被誉为"砖壁天险"，地理位置极为优越，

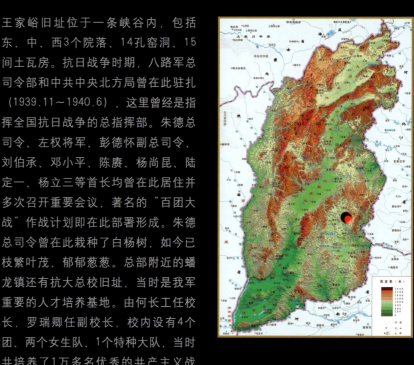

为赢得抗战胜利起了重要的作用。这里曾召开了晋冀豫第一次党代会，我党我军领导人曾在此指挥了"百团大战"等多场著名战役。砖壁旧址现设有7个展厅、10个专题陈列馆，有朱德总司令、彭德怀副总司令、左权将军旧居和八路军参谋处、会议室、北方局高干会址等。

八路军太行纪念馆位于武乡县城，背山面水，背靠凤凰山，前临浊漳河，风景秀丽，交通便捷，我八路军总部曾长期在此驻扎。纪念馆分主展馆和游览区两部分，占地18万平方米，总体呈工字形布局。

太行龙洞入口处

太行龙洞内景

太行龙洞内景

太行龙洞内景

太行龙洞内景

太行龙洞内景

关河水库

从武乡远眺板山（属武乡县和黎城县）

八路军纪念馆

八路军总部王家峪旧址（全国重点文物保护单位）

八路军总司令部砖壁旧址外观（全国重点文物保护单位）

长子县
精卫湖—白松林 风景名胜区

精卫湖—白松林风景名胜区位于长子县城东南20公里处，主要包括法兴寺景区和崇庆寺景区。

法兴寺景区。 位于长子县东南20公里处的慈林山坳，因山得名"慈林寺"，或称"古慈寺"，古为长子十大景观之首，谓之"慈林晚照"。始建于北魏神鼎元年（401年），唐上元元年（674年）改赐寺额为"广德寺"，后于宋治平年间赵曙皇帝又更其名为"法兴寺"，此后一直沿用至今。

法兴寺坐南朝北，沿中轴线自南向北依次为石阶、山门、舍利塔、圆觉殿、毗卢殿，依山布局，层层升高。寺内现存唐石舍利塔、燃灯塔、宋塑十二圆觉像，堪称"法兴三绝"。

石舍利塔，又称藏经楼、石殿、回字塔、无梁殿，始建于唐咸亨四年（673年），为砂石构建，叠涩式出檐，外形独特。塔内无梁，内部顶端构成四方藻井，平面呈"回"字方形，"回"字暗寓佛教六道轮回的思想。该塔形制为我国现存古塔中独一无二的，堪称法兴寺第一绝。

燃灯塔位于舍利塔与法兴寺正殿圆觉殿之间，又名长明灯、灯幢。始建于唐大历八年（773年），青石构建，形体小巧，样式古朴。塔身雕有载歌载舞的伎乐人，人物刻画精致，造型优美，雕刻手法娴熟，精巧细腻，为研究我国盛唐时期雕刻艺术提供了难得的实例。据说该塔具有优秀的防风功能，在燃灯塔内点燃佛灯，无论风向如何，佛灯永不熄灭，是以称之长明灯，为法兴寺第二绝。

圆觉殿为法兴寺主殿，始建于宋元丰三年（1080年），殿中有一石砌佛台，中塑释迦牟尼像，左右为文殊、普贤菩萨，台前分列两位护法金刚，释迦摩尼佛像背后为南海观音塑像。殿内两侧佛台上塑有十二圆觉像，被称为全国"宋塑之冠"，是法兴寺第三绝。这些十二圆觉像于宋政和元年（1111年）重塑，神态造型各异，尤以东侧第四尊圆觉像最为出色，该像作托腮思考状，人物姿态悠闲舒展，神情溢于眉梢，造型逼真，为宋代彩塑珍品。

崇庆寺景区。 位于长子县东南22.5公里处的紫云山山麓，始建于北宋大中祥符九年（1016年），明清均有扩建和修葺。崇庆寺深藏山林之中，三面环山，庙前山坡上有白皮松40余株，树冠不大，造型奇特，树龄500余年。崇庆寺分前后寺，前寺为护国灵贶王庙，后寺即为我们通常说的崇庆寺。

后寺崇庆寺寺庙规模不大，坐北朝南，现存建筑有山门（天王殿）、千佛殿、左右卧佛殿与三大士殿、地藏殿及方丈院。寺中清嘉庆三年碑记载了当时崇庆寺的建筑总体布局，"千佛殿居其北，卧佛殿居其东，大士殿居其西，天王殿居其南"，可知，现在寺庙的形制与清代时大体相同。

山门即为天王殿，殿内塑四大天王像，威武壮观，为明朝时期作品。

千佛殿为崇庆寺正殿，建于北宋大中祥符九年（1016年），现存梁架构件基本为宋代原构，殿内中央佛坛上一佛二菩萨及观音相背而立，塑像背光华丽，装饰形态为明代风格，彩塑的布置、塑像躯体造型、发髻等还保留一些宋时痕迹；殿内墙壁上为千佛悬塑，现仅西壁残存200余尊。

西配殿为三大士殿，又称罗汉殿，外观呈现清代建筑风格，但殿内构架基本为宋代原构，殿内佛台上塑三大士及十八罗汉像，共21尊，中央的菩萨塑像清秀俊逸，两侧十八罗汉丰润健壮，体态优美。据殿内佛坛砖雕上保留的题字，可知塑像造于北宋元丰二年（1079年）。

地藏殿位于寺院的西北部，从殿内题记中可知其建于明嘉靖二十七年（1548年），殿内供奉有地藏菩萨、十殿阎王及六曹判官彩塑，塑造技艺甚佳，保存完好。崇庆寺内还保存着五代乾化二年（912年）的八角石幢一座。

崇庆寺集宋、元、明、清四代建筑于一处，为研究中国古代建筑艺术提供了珍贵的实物资料。同时，寺内保存的精美的历代塑像，对于研究中国古代的雕塑艺术具有重要意义。

法兴寺鸟瞰（全国重点文物保护单位）

法兴寺舍利塔

法兴寺圆觉殿内塑像

长子县精卫湖
——白松林风景名胜区

崇庆寺外白松林

崇庆寺（全国重点文物保护单位）·千佛殿

崇庆寺塑像

崇庆寺罗汉殿塑像

壶关县 太行大峡谷 风景名胜区

太行山大峡谷风景名胜区位于壶关县东南部，由五指峡、龙泉峡、王莽峡三大主峡及其众多的支峡组成，总面积约225平方公里，2009年被公布为省级风景名胜区。景区内主峡支峡遍布，纵横交错，迂回曲折，奇峰秀岭拔地而起，悬崖如刀削斧劈，山石姿态各异，瀑布倾泻千里，山泉湍湍而流，深潭碧波荡漾，溶洞神奇莫测，交汇出奇特的地质景观。太行山大峡谷风景名胜区可划分为王莽峡、紫团山-黑龙潭、红豆峡、八泉峡、青龙峡、万佛山、黄崖底七个景区。

王莽峡景区。王莽峡是太行山大峡谷的主峡之一，因流经此地的王莽河而得名，西起下石坡村，往东南至土圪堆村，绵延20余里，素有30里画廊之称。峡谷中峰高而直、峡窄而弯、水柔而清，峡谷最宽处不足50米，而最窄处仅20米。主要景点有高山寨、阁老陵、十八盘景区、羊肠坂、革命遗址等。其中，十八盘位于独秀峰西，因在500余米高的悬崖峭壁上打了九折十八道弯，修筑了1300个石阶，故名十八盘。曹操在此留下了千古悲吟《苦寒行》。古为晋豫通商之道，有诗云："过步每千虑，举步如蹒跚。心胆掉欲碎，毛发亦为寒"。

紫团山-黑龙潭风景区。位于主峡五指峡区域。紫团山因山峰常有紫气缭绕而得名。在两晋时期已声名远扬，北宋时达到极盛。据唐代房玄龄《晋书》记载，东晋道教名家葛洪遍游全国山水后曾言"天下佳山者，南武夷、北抱犊（即今紫团山）"。清顺治《潞安府志》载："紫团山，在县东南一百一十里，常有紫气见山顶，团团如盖，旁有紫团洞，今名翠微洞"。

黑龙潭位于五指峡东柏坡村的河谷里，因谷内有潭，传说古时曾有黑龙王栖息而得名。主要景点有紫团山、紫团洞、孤山、五指峰、白云寺、紫云梯、真泽宫、南极园、云盖寺遗址、慈云院等景点。其中，五指峰为五指峡的入口，因状似伸出的五指而得名。

红豆峡景区。位于太行山大峡谷中段腹地，原名洪底沟，因峡中多处生长着珍稀树种红豆杉，被命名为红豆峡。红豆峡主峡呈东北-西南走向，长约15公里，另有三叠潭、七仙峪两条支峡谷。红豆峡整体形状如一个硕大的宝葫芦，口颈瘦小，腹体饱满，峡藏万象、谷含流香，有空灵飘逸之美。凌空而望，又像一只展翅欲飞的凤凰。红豆峡以天然风光、山形地貌奇特取胜，境内有陡峭山崖、象形山石、流水瀑布、国家一级保护树种红豆杉等丰富的风景资源。

八泉峡景区。位于龙泉峡中部，桥上村北，因峡内泉源丰富，主源有八道大水，故得名"八泉峡"。峡谷全长11公里，泉源300余处，飞瀑30余条。境内有伯阳山、云崖栈、天门山、大瑶洼、八泉湖、八泉源、伟人峰等主要景观，集雄峰、幽峡、碧水、瀑布、湖潭为一体，最能体现太行大峡谷的雄伟和幽深特色，被誉为"太行第一雄峡"。

青龙峡景区。位于龙泉峡东端，全长10公里，因境内的青龙潭而得名。青龙峡内峰峰相依，山山相连，植被茂密，水碧瀑飞，林茂石奇，空气清新，空灵隽秀，境美谷幽。景区内有"碧石翠柏"、"玉兔奔月"、"莲花台"、"杨景寨"等奇峰突

起，有青龙潭瀑布溪流、狐仙洞、马总兵寨等景观。另外，青龙峡入口处大河村以东1公里处有女娲洞，因传说女娲曾在此居住，炼五色石补天，而得此名。女娲洞位于弧形巨壁之上，离地20余米，为一处溶洞景观，其内有钟乳石、石笋、石华、石幔、石柱、石塔，千姿百态，构成了各种各样的奇特景观。

万佛山景区。位于大峡谷的东南部，以海拔1400余米的佛教名山万佛山为中心，包括万佛山、九龙洞、猫嵝天桥等。

黄崖底景区。为大峡谷最南端的一组半封闭型峡谷，北连壶关县桥上峡谷，南接陵川县地界，总面积约17平方公里。峡谷因处黄崖底村而得名。黄崖底四周环山，岩壁均呈现黄色。主要有石钟屹筒、附子沟、小河沟、叉河沟、丹崖峡等景点。

黑龙潭

紫团山景区

紫团山紫团洞

紫团山景区

黑龙潭

黑龙潭

五指峰

五指峡奇石

五指峡奇石

红豆峡

壶关县
太行大峡谷风景名胜区

青龙峡

青龙峡（蒙小英摄影）

真泽宫（全国重点文物保护单位）

青龙峡

青龙峡

泽州县 珏山 风景名胜区

珏山风景名胜区位于晋城市区东南13公里处的丹河南岸，属太行山高山丘陵地貌，山势俊秀，主要包括珏山景区和青莲寺景区。

珏山景区。珏山又名角山，其双峰对峙，宛若一对碧玉镶嵌在太行山上，故名珏山。《泽州府志·山川》记载："珏山，县东南40公里，两山玉立，若山若角，故又名角山"。清嘉庆四年（1799年）《重修头天门灵官殿碑记》中亦云："以其形如山角也，故名曰角山"。清顺治十三年（1656年）碑记载"泽郡东南，丹水带绕。挺拔两立，是谓之珏山"。清嘉庆十二年（1807年）碑记载："凤邑不乏名山，而得其秀而奇峰并峙者，则所为珏山"。珏山主峰（东顶）海拔973米。丹河从北向南通过景区，由于山体阻隔，在景区形成一个大"S"形。清同治十年（1871年）碑记载："泽郡东南四十里，有山曰珏山，双峰对峙，大河绕下"。山下丹河上有丹河大桥，石头砌筑，桥宽24.8米，高80.6米，长413.7米，其主拱跨度146.2米，为目前世界上单拱跨度最大的石拱桥。

珏山钟灵毓秀，自然景观迷人，人文内涵丰厚，尤以"赏月"闻名，早在明代，"珏山吐月"就被列为"泽州八景"之一。明嘉靖三十三年（1554年）摩崖碑刻记载："每岁中秋，月从珏山所出"。明嘉靖三十五年（1556年）《创建珏山一天门记》碑文载："俗传每年八月望，约忽自中出，谓之珏山吐月，亦游赏之胜境也"。珏山也是道教圣地。清乾隆十一年《重修珏山路万人碑记》载："山有玄天上帝，东西对峙，历年进香，每春二、三月间，游人士女不绝如蚁，接踵摩肩，香火之盛，咸称小武当云"。

青莲寺。位于珏山下。青莲寺有上下两处，下边的一处创建在先，称古青莲寺；上面的一处年代稍晚，俗称青莲寺。寺院三面屏山，一面下临丹河，景色秀丽，幽深古雅。2001年，青莲寺被国务院公布为全国重点文物保护单位。

古青莲寺创建于北齐天保年间（550～559年），当时高僧慧远在此创立寺院，初名"硖石寺"。唐代予以重修，并御赐寺额为"青莲寺"。根据清代的重修碑记载，隋唐时青莲寺尚有正殿九间，南殿九间，东西禅堂各五间。现仅存正殿五间，南殿三间，这些建筑已非隋唐原构，后世多有重修补葺。但是，正殿和南殿中塑像和碑刻仍为唐宋时的原物。正殿佛坛上有弥勒佛等六尊彩塑（原为七尊），皆为唐代原物，是全国现存唐代寺观塑像三处70多尊中的其中一处。主像弥勒佛，肩披大巾，双腿自然下垂，左手置于膝上，右手作说法印，姿态自然，面形丰满。南殿三间，内置彩塑十二尊，佛坛上正面的五尊塑像是宋代作品，中间为释迦佛，两侧为文殊、普贤二菩萨以及阿难、迦叶二弟子，两面山墙上有观音、罗汉、韦驮、胁侍、供养人等。寺前有藏式佛塔一座，高约25米，为明代所修。

青莲上寺创建于唐代太和二年（828年）。因为当时僧人众多，下面的古寺难以容纳，就在这里创建了上院。百余年后，北宋太平兴国三年（978年），上院被赐名"福严禅院"，明代恢复青莲寺之名。寺依山而建，院内古柏苍郁，银杏参天，殿宇错落，有天王殿、藏经殿、释迦殿、罗汉殿、地藏殿等。藏经阁内佛坛上，保存着四尊宋代彩塑。地藏殿中塑有地藏菩萨和十殿阎君，其中地藏菩萨居中，手执宝镜，头戴花冠；另外还有一尊金刚力士，手执狼牙棒，面目狰狞，青筋暴起。值得注意的是，这组塑像是宋代的彩塑，但是经过明代重塑。罗汉楼中塑有广法天尊和十六罗汉，这组塑像同样是宋代的彩塑，也经过明代重装。青莲寺后院，有非常珍奇的"子抱母"古柏。母柏早已干枯，子柏则紧紧缠绕母柏，生机勃勃，枝叶繁茂。据传在百年以前，母柏枯死，寺僧准备第二天把它砍掉。但是，第二天早上发现，繁茂的幼柏攀着母柏的树干缠绕而上，紧紧地把母柏抱住。寺僧实在不忍心砍伐，就留下了寺院中的这道非常独特的奇景。

丹河湾

丹河大桥

珏山山顶　　　　　　　　　　　　　　　　　　　　　青莲寺上寺

珏山

青莲寺上寺

青莲寺上寺塑像

青莲寺（全国重点文物保护单位）

青莲寺上寺塑像

青莲寺上寺殿宇

青莲寺上寺藏经阁

青莲寺上寺古树

青莲寺下寺

159　泽州县珏山风景名胜区

青莲寺下寺塑像（唐代）

泽州县 山里泉 风景名胜区

山里泉风景名胜区位于晋城市区东南50公里，沁河峡谷下游，主体景区位于泽州县境内，是一处以自然山水为主兼有人文特色的综合型景区。太行山和沁河水构成了风景区内最基本的两大风景元素。风景区总面积约33.88平方公里，主要包含境内的沁河段及其沿岸的太行山山体。核心景区沿沁河南至小铺水电站，北至曹河村的区域内，东西长约1.5公里，南北长2.5公里，面积3.75平方公里。

山里泉景区以"险"和"秀"著称。绵延的太行山脉在此处与西部的王屋山相交，层叠起伏，沟壑纵横，幽谷深深。沁河自北向南从高山中曲折潜行，每遇千仞绝壁则转而蜿蜒盘绕，在此呈九曲十八弯。沁河湾内的大峡谷，随两侧地势大幅度跌宕起伏，形成了一个山中有水、水中有山，山水相互叠合的佳境。景区内有湍流不息的沁河水，有奇峰林立的山川，有清澈透明的泉水，有宽阔美丽的湖面，有珍贵的名胜古迹，有美丽动人的传说，有丰富的野生资源。其主要景点如下：

沁河湾山峦。景区四周群峰壁立，层峦叠嶂，而又气势恢宏。人们按照其独有的形态加以联想，予以命名，如观音山、纱帽山、娃娃鱼山、鲤鱼山等。山上怪石横生，翠峰如簇，各具形态，如夫妻石、蛤蟆石等。在沁河的冲刷岸多为陡峭绝壁，高有千仞，垂直上下，如刀凿斧砍，鬼斧神工。

纱帽山。位于景区中部偏北，因形状如古代官员的乌纱帽而得名。整座山三面环水，郁郁葱葱，满山遍布橡树等丛林树木，大群的猕猴在山间隐没。山上有官顶亭、姜子牙庙。登上纱帽山，拴驴泉水电站库区风光尽收眼底，四周群山起伏、重峦叠嶂。

鲤鱼山。位于景区南部边缘，是一处自然山体，犹如一条大鲤鱼，头北尾南。

观音山。观音山与纱帽山东西相对，坐落于沁河水库东岸，山势陡峭，几乎与地面垂直。西侧朝向沁河呈三角形，上窄下宽，恰如观音大士，头戴冠，身披风，在沁河边打坐修行。

娃娃鱼山。在沁河对岸纱帽山山旁，恰如一条娃娃鱼扭动着身躯趴伏在沁河边，头南尾北，绵延两公里。前面的鱼头山头已扎进沁河，后面的鱼尾山体还一直与远山相接，西侧是沁河水库，东侧是一条幽深的峡谷。

五峰探奇。与纱帽山隔河的东岸，一连数座山峰并排相连在一起，其中有五座高峰最为突出，汇聚排列于河岸一侧，山势起伏，形态优美。

鲤鱼峡。景区南端狭长的鲤鱼山长4公里，高300余米，宽300米，长长的沁河峡谷在这里呈360°大幅度转折，形成了一条秀美的鲤鱼山峡谷，谷底宽百余米。

山里泉水库。山里泉水库北起钓鱼台，南到纱帽山南，长约4公里，宽约200米。水库湖面宽阔，两侧崇山峻岭，岩石高耸陡峭。水库两岸青山相依，蓝天倒映湖面，颇有漓江之美。

后花园猕猴栖息地。猕猴园位于纱帽山北面山脚下，现有猕猴约400只左右，它们除了因春冬食物短缺而下山进入喂养园外，平时主要生活在山上，隐匿在山间树梢。山里泉的猕猴属太行猕猴，为国家二级保护动物。

司马懿屯兵洞。洞位于悬崖之

上，洞口大致呈正方形，边长60余米，洞身倾斜向下，内有滴水，愈往里行，洞体愈大，能容千人。根据传说，此洞建于三国时期，当时属魏国地域。

古栈道遗址。指的是分布在沁河两侧山壁悬崖上的古栈道遗迹，现仅存少量的栈道桩孔和孔间朽木。据考证，这是三国时期曹操曾孙魏齐王曹芳当政前后修筑，或作军用，或作商道，在沿沁河绝壁间绵延几十里。

石门魏碑。位于山里泉景区水电站往西约50米、沁河北岸的一处崖壁上，距离地面约100米。整块石碑共9行95字，后有三行落款："都匠木工司马陈留成有、当部匠军司马河东魏通、开石门师河内司马羌"。这是山西境内发现较早的一块摩崖石刻，也是迄今为止晋城市发现的最早的摩崖石刻。

山里泉景区全景（景区提供）

沁河湾山峦

沁河第一湾（位于李寨村，和山里泉景区毗邻）

纱帽山

纱帽山盘龙橡树

鲤鱼山

鲤鱼山

水库

167　泽州县山里泉风景名胜区

娃娃鱼山

猕猴园的猕猴

蛤蟆山

靠山

钓鱼台

阳城县 皇城相府—九女湖 风景名胜区

皇城相府—九女湖风景名胜区位于阳城县东北部、太行西麓的樊川峡谷之中，主要包括皇城相府景区、九女湖景区、郭峪古村景区、海会寺景区等。

皇城相府景区。 位于皇城村。皇城村北依樊山，西临樊溪，2007年，被公布为中国历史文化名村。皇城村本名中道庄，取义儒家"中庸之道"之意。明清时期，隶属于郭峪里（当时实行里甲制）。明崇祯六年（1633年），陈昌言（陈廷敬伯父）为避战乱而建内堡称"斗筑居"。康熙三十八年（1699年）至康熙四十二年（1703年），陈廷敬修建外堡，时称"黄城"。陈廷敬（1639～1712年），原名陈敬，清顺治十五年（1658年）进士，字子端，号说岩，晚号午亭，著名的文学家、政治家，历任工部、刑部、户部、吏部四部尚书，直至文渊阁大学士，为人为官清正廉明，忠贞无私，在朝野威望很高，深得康熙皇帝的信任与器重，长期担任康熙皇帝的经筵讲官。康熙皇帝对陈廷敬非常敬重，曾赐联"春归乔木浓荫茂，秋到黄花晚节香"，作为对其功德和操守的肯定。康熙五十一年（1712年），陈廷敬病逝，享寿七十三岁。康熙皇帝连祭两次，赐予紫杪板棺木一副，并亲笔写了挽诗，称赞其"恪慎清勤，始终一节"。

皇城村堡的形式有内堡和外堡之分。内堡主体建筑及院落均坐东朝西，为明代所建；而外堡主体建筑及院落坐北朝南，为清代建造。平面布局轴线分明，左右对称，内外堡融为一体。四周共设九道堡门。整个堡寨枕山临水、堡墙雄伟、雉堞林立，房屋朴实典雅、错落有致，是一座别具特色的城堡式建筑群，反映了明末清初的社会状态。

郭峪古村景区。 据《郭峪村志》记载，郭峪在唐以前建村。明朝时期，郭峪称"里"，清朝时期，又称"镇"。民国6年（1917年）山西省实行编村制，郭峪里改为郭峪村。2007年，郭峪村被评为中国历史文化名村。郭峪古村的主要景点有堡墙、豫楼、侍郎寨、汤帝庙、老狮院、下范家院、小狮院、恩进士院等。郭峪古堡南北长2.7公里，东西宽2.5公里，总面积约4平方公里。堡墙形状很不规则，东西窄，南北长。郭峪堡分设东、北和西三座城门。东门为村子的正门，紧临河岸，是三个门中位置最低的一座。北门建在山坡上，出门便是一条由西向东冲入樊溪河的洪沟，叫北沟。西门叫永安门，建在村的西南角上，是三座城门中位置最高的。一座30米高的敌楼置于村中心，名曰豫楼。

海会寺景区。 寺内现存主要建筑、也是最醒目的建筑，为海会寺双塔。塔身高耸，直入云霄。有诗赞曰："九曲龙泉环翠行，双排雁塔上青霄"。其中一座称"憨公塔"，始建于唐代，宋代加以修葺，位于山门右侧，共十层，高二十余米，砖石结构，呈六角攒尖顶。塔身略有收分，逐层叠涩出檐。每层交叉辟有洞门，但均为实心不可登攀，塔顶是由宝珠三层组成的塔刹。原塔外侧壁各层设有三层佛龛，龛内有小坐佛，现佛像已毁，仅余佛龛。该塔为我国早期典型的砖塔，具有较高的历史和文物价

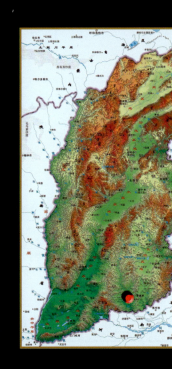

值。可惜由于地基不稳，塔身早已倾斜，更增添了几分沧桑古朴的感觉。寺内另外一座塔为舍利塔，始建于明隆庆二年（1568年），位于寺院后部，共十三层，高57米，八角攒尖顶。每层檐下施仿木构斗栱，檐角翘起。逐层辟砖券拱门，各面佛龛满布琉璃佛像等。除了双塔外，寺内重要建筑还有大雄宝殿、钟鼓楼、天王殿、药师殿、毗卢阁、十阎王殿、卧佛殿、观音殿、文武圣神殿等。

九女湖景区。 九女湖是因杜河电站蓄水而形成的人工湖，湖面沿沁河峡谷长10公里之多，宽100～500米不等。湖中的九女仙台是阳城旧八景之一，为一座高70余米的孤峰，峰顶建有四合小院的仙女祠。传说因九天仙女在沁河戏水，故得名。

皇城相府河山楼

皇城相府（中国历史文化名村）鸟瞰

皇城相府局部

郭峪古堡(中国历史文化名村 全国重点文物保护单位)

郭峪古堡豫楼

海会寺双塔(全国重点文物保护单位)

九女湖

九女湖

九女湖风光

陵川县王莽岭风景名胜区

王莽岭风景名胜区位于陵川县县城东部45公里处的太行山脉南端,主要包括王莽岭、锡崖沟、昆山、刘秀城山、驼峰五大景区,总面积约150平方公里。境内险峰幻叠,群峰林立、峡谷纵横、地貌秀丽、云海浩瀚、怪石林立、植被茂密,堪称"太行至尊"。"不登王莽岭,岂识太行山,天下奇峰聚,何须五岳攀",是对王莽岭最佳写照。王莽岭涵盖56个山峰,最高处海拔达1670米。王莽岭的代表性景点有:"山巅六绝"(即绝顶日出、云山幻影、佛光异象、雾凇冰挂、林海涛声、秀谷观峰);"七台险景"(即观日台、东哨台、仙女散花台、抚琴台、弈棋台、点将台、烽火台);"十二奇观"(即抚云崖、试胆石、寒武石林、勒马崖、隐仙崖、石库天书、西寨门、天桥、羊肠阪、老猪洞、一线天、山谷回声);一大奇迹(挂壁公路);以及昆山溶洞、隧道公路等。

抚云崖。是一座天然奇崖,两侧绝壁如削。在此处观云,可领略"海到尽头天是岸,山登绝顶我为峰"之境地,被视为王莽岭第大一奇观。

观日台。位于老君顶东侧的崖顶上,为一巨型石台,台面平坦宽阔,面积300多平方米,四周翠柏环绕,台下是万丈深渊。在此,可领略色彩绚丽、霞光万道、气势壮观的绝顶日出。

琴台。在悬崖顶端,与观日台遥相呼应。崖顶台面长24米,宽6米,由错落有致、形态各异的24块台形石构成。其形仿佛天然演奏台。琴台南崖是"天然石壁——回音壁",可聆听百鸟齐鸣与山谷回声。

寒武小石林。观日台后草坪上,有一处古生界寒武系时期的小石林,面积约80平方米。高度均约1米上下,有的形似珍禽异兽,有的又似奇峰峻岭,仿佛鬼斧神工的天然造景,是王莽岭的第二奇观。

天柱关。由于两峰硕大无比,犹如擎天柱,故称"天柱双峰"。中间一条羊肠小道,地势险要。不远处有一座石筑山门,高约2米,宽约1.6米。据明清碑碣记载,此处原是入晋豫惟一的通道。因天柱双峰,直入云霄,遂又名"天柱关"。

试胆石。试胆石是一块高约3米的长方形巨石,屹立在观日台右侧的悬崖绝壁边上。三面均是无底深渊,在灌木丛掩映下,好似漂浮于天空中。立其上,有岌岌可危之感。往下望,则令人胆颤心惊。石上则刻有"三思而后行"5个字,令人深省。这也是王莽岭第三大奇观。

勒马崖。越过佛光台,翻过山梁即是勒马崖。其两侧为深谷,谷中怪石嶙峋;或若僵尸骷髅,或若野鬼猛兽,阴森恐怖,当地人称之为"打死人圪道",游人称之为"魔谷"。沿岭往北突现一断崖,南、北、西三面皆是峭壁,峭壁之下为沟壑。此断崖则是"勒马崖",为王莽岭的第四大奇观。

锡崖沟挂壁公路。历经三十多年,一个中国农民筑路史上的奇迹,在地势极其险要的悬崖峭壁上凿出一条"之"字形的挂壁公路。在这里不仅可以领略大自然的鬼斧神工,更可以感受到锡崖沟人百折不挠的英雄气概。沿途主要有"祥龙出谷"、"玉蟒入洞"、"一线天"、"一柱擎天"等。

水潭溶洞。昆山景区中有多处溶洞,其中最具代表性的是万仙洞。万仙洞位于九重山的半山腰,是昆山规模最大的溶洞,洞口宽3米,高2米,深1000余米,最宽处可容纳数百人。洞内四周皆是巧夺天工的各类钟乳石,有体型精巧的万仙宝塔,有生动活泼的动物造型,有飞流直下的珍珠瀑布,有栩栩如生的百仙朝圣像。

刘秀城山。又名赤帝城,位于锡崖沟景区南侧,是一座险峻突兀的孤山。周边万山林立、万千沟壑,地势极其险峻。山上则是郁郁葱葱,树木茂密,景色宜人。相传刘秀曾在此山顶上安营扎寨,以此建城,至今在草丛中仍依稀可见许多残垣。

地貌秀丽

地质奇观

怪石林立

枕云崖

绵延山峰

绝壁险境

观景平台

突兀山峰

树木密布

山峰林立

群峰林立

琴台

锡崖沟山脉

锡崖沟峡谷山势

187 | 陵川县王莽岭风景名胜区

锡崖沟峡谷绝壁

锡崖沟绝壁局部

锡崖沟挂壁公路

雄壮山崖

锡崖沟怪石

锡崖沟挂壁公路局部

小太行石林

险峰幻叠

陵川县 凤凰欢乐谷 景区

凤凰欢乐谷风景名胜区位于陵川县城东南35公里处的夺火乡凤凰村，总面积约120平方公里，北到陵修一级公路，南接勤泉云台山景区，东到龙虾湖。景区内山清水秀、重岩叠嶂、潭瀑遍布、奇峰林立、枝藤缠绕、游鱼浅翔，以奇峰、幽谷、清泉、飞瀑著称。此外，凤凰欢乐谷景区植被丰富，品种繁多，可达千余种，其中不乏有国家一级保护植物红豆杉、稀有罕见的白皮松；野生动物则有金钱豹、蛇、猴等。主要景区有凤凰欢乐谷景区、门河大峡谷景区、乌龙峡景区、青峰峡景区、龙峡湖景区、苍龙峡景区等。

凤凰欢乐谷景区。位于凤凰村东南，以奇峰迭现及清澈的溪流为主要特色。主要景点有"石人等凤凰"、"金牛拉磨"、"二龙戏珠"、"百蛇洞"、"蝙蝠冰川"等。其中，百蛇洞宽约1米，高约10米，壁上是流水冲刷后的溶岩，造型酷似"群蛇簇拥蛇王"，正中的溶岩形似一条栩栩如生的大蛇，周围则是数以千计的小蛇，遂称之为"百蛇洞"。

门河大峡谷景区。位于夺火乡和马圪当乡交界处，以其独特的地质景观、良好的水生态著称，这里奇峰环列、林木茂盛，山青水秀，主要景点有"天下第一门"、"水帘洞"、"鸳鸯瀑"、"群猴捞月"、"龙凤槽"、"黑龙潭"等。其中"天下第一石门"位于三岔口左侧的门河中，为浑然天成的断裂山崖经历年风雨侵蚀形成的巨石大门，高20余米，宽10余米，遂称"天下第一石门"。门下

溪流湍急，甚为奇特，谷底岩边，青草郁郁葱葱，溪水蜿蜒，因此又称"石门流翠"。"群猴捞月"位于门河中段，其崖壁上有凹陷区，高约10米，宽约12米，崖壁上天然溶岩形成50余只猴子玩耍嬉戏图，似逐一倒挂在悬崖上，称之为"群猴捞月"；"黑龙瀑"是门河中最为壮观的瀑布，流水经两侧崖壁夹峙，冲泻而下，形成瀑布，瀑布宽约7米，高约20米。

乌龙峡景区。位于凤凰峡谷和门河峡谷交汇处的下游，以其石峡飞瀑、急流碧潭而闻名，主要景点有"香炉窟"、"罗汉祝寿"、"三节洞"、"红豆杉林"、"地质走廊"等。其中三节洞（蟒蛇洞）位于北侧的悬崖上，分为上、中、下三节叠洞；位于最下方的洞长约20米，高约15米，似天然窑洞式殿堂；中洞形似鸭蛋，长约10米，高约14米，洞壁的右侧有一巨蟒形钟乳石；位于顶端的小洞长约2米，高约2米，洞外寸草丛生。三洞相通相融，相辅相成。

青峰峡和龙峡湖景区。青龙峡是龙尾滩到古石大坝之间的峡谷，长约8公里，其环抱的水面为龙峡湖。龙峡湖为古石水库大坝形成的水面，湖面东西长约8公里，宽度随山势不等，最宽处约600米，最窄处约30米，水深在5～60米之间，为太行之巅最大的人工湖泊。主要景点有"湖光幻影"、"裂山峰"、"神剑峰"、"试剑峰"、"情侣峰"等。

苍龙峡景区。位于夺火乡东南部，全长8公里，总面积约10.2平方公里，保持了原始的自然生态环境，

以奇峰异石、悬崖绝壁、飞瀑流泉、苍苍林海著称，主要景点有"千年松王"、"幽谷清流"、"连环瀑"、"红豆杉林"等。其中"千年松王"为白皮松，高10余米，围径粗3.4米，树龄约有千年，裸露在地面的根系延伸10余米，甚为壮观。

云霞红叶景区。位于夺火乡北部，南北长约20公里，东西宽约10公里，是中国最大的红叶风景区。景区内崇山峻岭，沟壑深邃，植被茂盛，绚丽优美，主要景点有"情人岭"、"花季地"、"夕阳红"等。其中"情人岭"山岭连绵不绝，红叶婆娑，恰似仙境，漫山红叶，层林尽染，壮美无比，成为太行的特有风景线，被称为"百里云霞"。

蝴蝶谷

情侣瀑

陵川县
195 凤凰欢乐谷景区

黑龙瀑和黑龙潭

乌龙峡和黑龙庙

峡谷

峡谷

峡谷景色

峡谷绝壁

应县木塔（佛宫寺释迦塔）位于应县城内西北角，建于辽道宗清宁二年（1056年）。明《应州志》载："辽清宁二年（1056年），田和尚奉敕募建"。佛宫寺当为佛门之宫而得名，塔则因内奉佛祖释迦牟尼像而取名。木塔建成后，历经沧桑，还见证了不少重要的战火。1926年，阎锡山与冯玉祥两军在应县大战，守军指挥部竟设在木塔上，木塔共中弹200多发。由于百姓千方百计维护，才保住了木塔。1948年，解放应县之战，木塔又一次遭到战火之灾。守军头目乔日成，利用木塔制高点压制解放军攻势。现在木塔二层和三层就有累累弹痕。

木塔由塔基、塔身、塔顶三部分组成，平面呈八角形，是我国现存古代建筑中最高的木构建筑，亦是世界木构建筑中罕见之珍品。木塔高9层，67.31米，其中有4层是暗层，所以从外部看是5层六檐八角形。

塔基分上下两层，高达4米，均用石块垒砌。下层方形，每面各出月台一方。南面台基两侧有石阶。台基和月台各转角处均有角石，角石上雕狮子17只，姿态各异，手法古朴，均为辽代原物。

塔身构架作"叉柱造"，层层立柱，上层柱插入下层柱头枋上，逐层向上叠架而成。塔内各层均有木梯，可供攀登。塔身外观5层，实为9层，各层均用内外两圈木柱支撑梁架。明层梁枋规整，结构精巧；暗层木柱纵横支撑，形成各种框架，以加强荷载能力，稳固塔身。塔上斗栱结构多达54种，可谓集中国古代建筑斗栱之大成。塔顶为八角攒尖式，翼角微翘，平缓舒展，出檐深远。檐上屋脊很短，上置近12米高之铁质塔刹，由仰莲、覆钵、相轮、露盘、火焰、仰月、宝瓶、宝珠等组成，与塔身形体十分协调。木塔体形庞大，巍峨壮丽，轮廓优美，结构奇特。

木塔内第一层有华丽的藻井，中间塑10米的释迦像。释迦塑像坐于束腰莲花座上，高大肃穆，面容丰满，比例适当，神态端庄慈祥，身着袈裟，正襟危坐，似在讲经说法，育教弟子众生。特别的是，释迦牟尼佛像留有胡子，和一般寺庙中的释迦像不同。这与民族的特色有关。因契丹族男人们身材高大，体魄健壮，勇敢好战，习惯留胡子，以表男人之风度。据传，释迦牟尼出家以前，是一位博学多才、武艺高强的太子。契丹人崇尚释迦牟尼博大精深的佛理，也崇拜他盖世超群的武功。这样，在塑像时便留了胡子，以显示他的英雄气派。

一层内槽墙壁上，画有六幅如来佛像，比例适度，色彩鲜艳。门洞两侧的墙壁上，绘有金刚、天王、弟子等壁画。南门额壁板上，画有三位女供养人像，庄重大方，面容丰满，造型别致，情态各异，静中有动，动中有情。这些壁画均是辽代作品，弥足珍贵。北门也有壁画，画的是三个男供养人。底层西南面有楼梯通往上层，楼梯分上下两段。第一段先进入暗层，采光不太好，梁枋栱柱，层层叠叠。再上一梯段，就到第二层，有如来佛和四尊菩萨塑像。中是如来，东是普贤，西是文殊，后各站有胁侍菩萨。门外廊道平铺着厚重的地板，周围有扶手围栏。木塔三层、四层、五层也有佛像，这些佛像形象逼真，表情怡然自得，工艺细腻。

古往今来，不少帝王将相、地方官绅、文人墨客均登临木塔，留下了大量珍贵的墨宝。木塔塔身现有54块牌匾，弥足珍贵。另外，1974年7月，在对木塔进行全面修缮时，在四层大佛像背后的一个洞内意外地发现了一批稀世珍宝。其中辽圣宗统和八年（990年）的刻经与统和二十一年（1003年）《契丹藏》为海内外之孤本。这些发现填补了我国雕版印刷史上的空白，对研究辽代政治、经济、文化、佛教等具有重要的学术价值。

总之，这座木塔在近千年的历史中，经历了辽、金、元、明、清五个朝代。无论是帝王将相、官员绅士、文人墨客，还是佛教弟子、普通百姓，都会触景生情，灵感勃发。

应县木塔外观

应县木塔剖面图

应县木塔塑像

应县木塔塑像

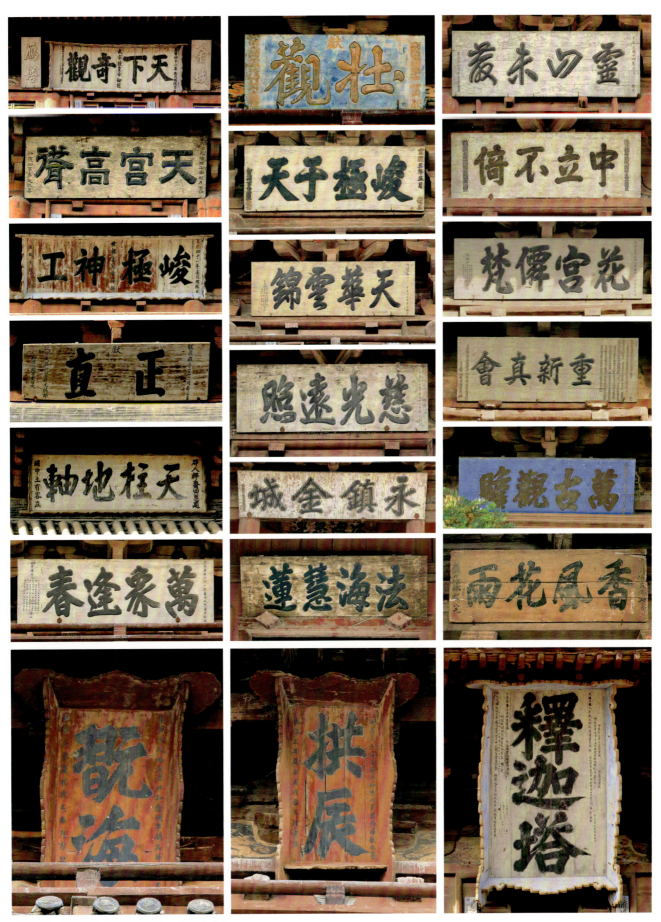

应县历代木塔匾额（现共有54块，弥足珍贵）

忻州市五台山风景名胜区

五台山风景名胜区是以五台县台怀镇为中心、由五座主峰环抱的区域,即俗称为"台内",总面积336平方公里。五台山号称"华北屋脊"、"清凉圣地",亦是著名的佛教名山,位居中国佛教四大名山之首。由于有东、西、南、北、中五个台顶,且峰顶平如台面,所以称为"五台"。其中北台为五台山最高点,海拔3058米。

五台山风景名胜区主要包括9个景区,即台怀景区、怀南景区、清凉景区、东台景区、南台景区、西台景区、北台景区、中台景区以及金岗轩景区。

五台山自然景观丰富。北台叶斗峰,被誉为"华北屋脊",因经常云雾缭绕、气候变化莫测而得名"云雾山"。西台挂月峰,为赏月的好去处。东台望海峰,又称青龙山,日出之时,登山临海,只见红日初升,云蒸霞蔚,美不胜收。南台锦绣峰,又名仙花山,花开时节,百花怒放,争奇斗艳,游人如置身于花的海洋。中台翠岩峰,又名平顶山,放眼望去,山上尽是青翠的岩石。五台上面皆有天池,清冽甘甜,犹如仙琼玉液。

五台山是著名的佛教圣地。自东汉年间建寺造像以来,历久不衰。目前所保存的佛教造像多达146000余尊,以唐代彩塑、明代悬塑为代表,其数量之庞大,在中国佛教圣地中首屈一指。至今,五台山仍保存有唐以来七个朝代的寺院68座,佛塔150余座,全国重点文物保护单位13处,省级文物保护单位7处。其中有代表性的寺院如下:

显通寺。 位于台怀镇中心区,是五台山最大、最古老的一座寺庙。中轴线上从南到北依次为山门、观音殿、大

文殊殿、大雄宝殿、无量殿、千钵文殊殿、铜殿、藏经楼等。其中大雄宝殿是主殿,殿内供着释迦牟尼佛、阿弥陀佛、药师佛三世佛像。无量殿建制独特,是一座全用砖砌的建筑。铜殿则由十万斤铜铸成,造型优美。

塔院寺。 塔院寺位于显通寺南侧,是五台山的标志建筑之一。寺内主要建筑有山门、天王殿、大雄宝殿、大白塔、藏经楼等。

菩萨顶。 菩萨顶位于五台山台怀镇的灵鹫峰上,是五台山最大的喇嘛庙,据说是文殊菩萨居住的地方。菩萨顶中轴线上的主要建筑依次有山门、天王殿、大雄宝殿、文殊殿等。

殊像寺。 位于台怀镇杨林街西南里许,因供奉文殊像而得名。殊像寺面对梵仙山,依山而建,主要建筑有山门、文殊殿、方丈室、禅堂居、钟鼓楼等。其中,文殊殿为主殿,殿内有非常著名的文殊菩萨驾狻猊塑像,东、西、北三面墙壁上有悬塑,分上下两层,下部是明代五百罗汉过江图,上部是各种人物活动图。

罗睺寺。 位于塔院寺东侧,共有六院(包括禅院和旗杆院),中轴线上建筑依次有天王殿、文殊殿、大雄宝殿、藏经阁等殿宇。大雄宝殿内供三世佛。

金阁寺。 金阁寺位于南台西北麓的金阁岭,台怀镇镇区西南15公里。金阁寺为唐大历五年(770年)不空法师仿印度著名的那烂陀寺而建,中轴线上依次建有牌坊、山门、天王殿、观音殿、大雄宝殿。观音殿为全寺主体建筑之一,殿内供奉一座17.7米高的千手观音像,为明嘉靖三十四年(1555年)铜铸。

黛螺顶。 位于台怀镇中心寺庙集群区以东的一座陡峭山脊上。因山形如锥形大螺,故将山顶寺庙称为"大螺顶",中轴线上依次建有牌楼、山门、大雄宝殿、文殊殿、后殿。大雄宝殿为寺内主殿,殿内供奉释迦牟尼佛。

台外的寺院以南禅寺和佛光寺最为著名。

南禅寺。 位于五台县城西22公里的阳白乡李家庄村,其中的大佛殿是我国现存最早的木结构建筑,是研究中国唐代建筑珍贵的实物资料。殿内保存有17尊精美的唐代彩色塑像,亦弥足珍贵。

佛光寺。 位于五台县东北30公里处的佛光山腰,依山而建,山因寺而得名。佛光寺由三进院落组成,有山门、文殊殿、大佛殿、廊房、墓塔等。其中,重建于唐大中十年(856年)的大佛殿,是我国现存规模最大的唐代木构建筑,其中的唐代泥塑和壁画也弥足珍贵。

塔院寺大白塔

北台景色

五台山一角

显通寺大雄宝殿

显通寺铜殿

台怀镇寺庙群

菩萨顶

殊像寺内景

罗睺寺

金阁寺

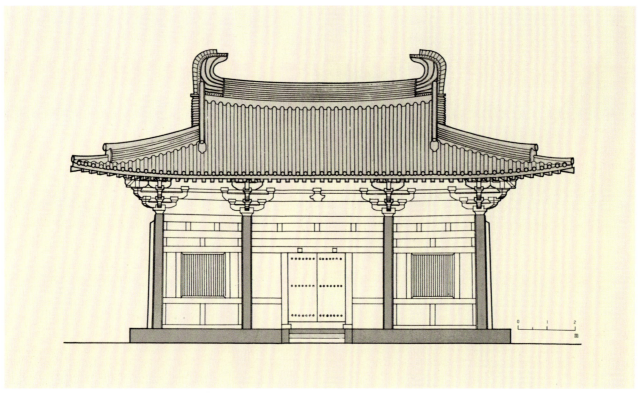

南禅寺大殿立面图（中国现存四座唐代建筑之一，全国重点文物保护单位）

南禅寺大殿

碧山寺牌坊

龙泉寺石牌坊

龙泉寺照壁"五台山全景缩微"雕刻

佛光寺大殿（中国现存四座唐代建筑之一，全国重点文物保护单位）立面图

佛光寺大殿

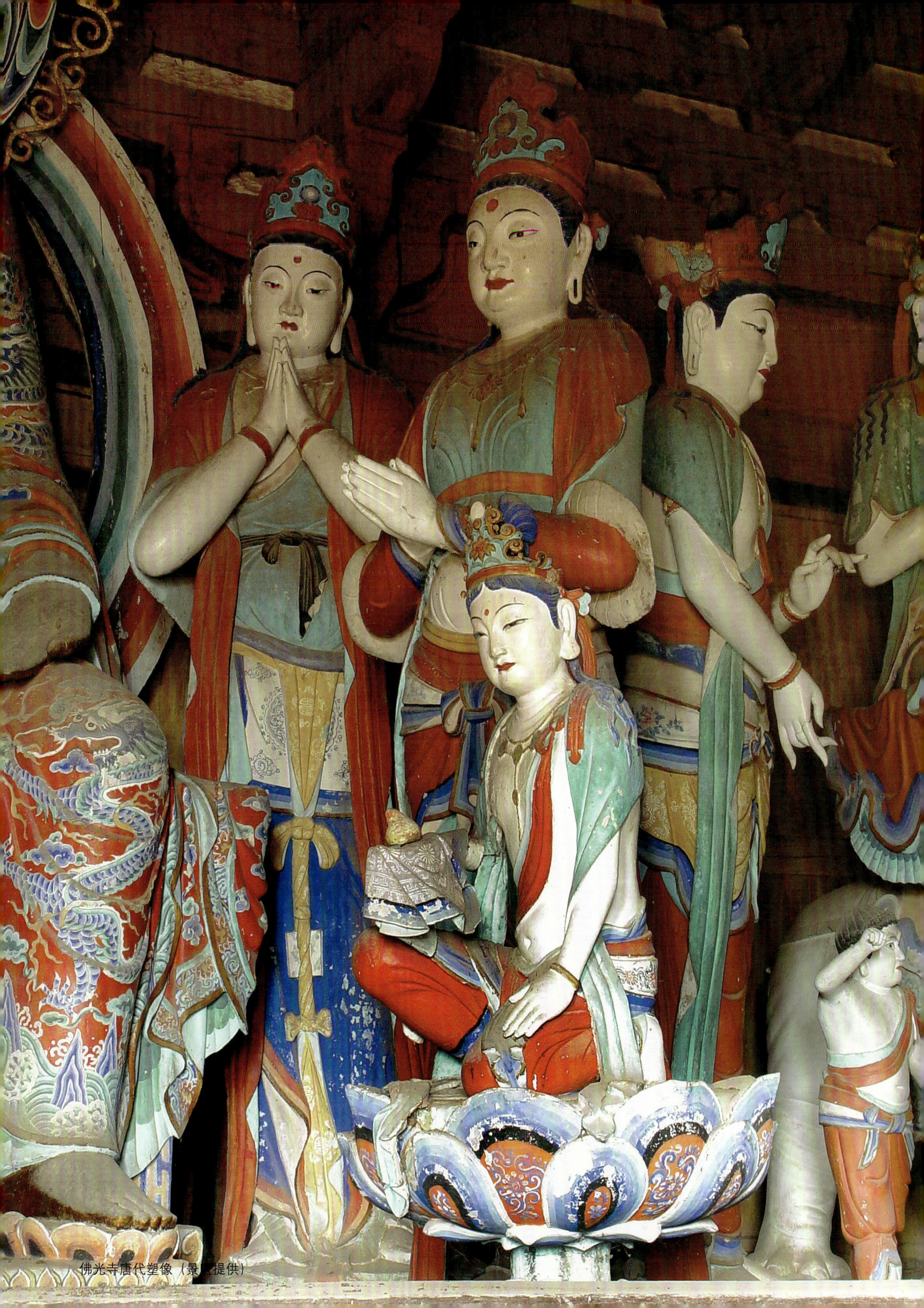

佛光寺唐代塑像（景[illegible]提供）

宁武县 芦芽山 风景名胜区

芦芽山风景名胜区位于忻州市宁武县中部，以管涔山系南段芦芽山脉为依托，以东寨镇为中心，总面积为321平方公里，是以自然景观为主体的风景胜地。芦芽山峰因形似"芦芽"而得名，其山脉平均海拔1800～2000米，芦芽山脉最高峰荷叶坪海拔高达2784米。芦芽山峰峦重叠，崖沟跌宕，林木茂密，溪水淙淙，环抱83万亩原始次生林，呵护上千种珍贵物种，是落叶松和云杉之家，也是世界珍禽褐马鸡的主要保护地。顾炎武《天下郡国利病书》中载："芦芽一山崔嵬挺拔，高出云霄，尖似芦芽儿磅礴迂回，雄跨中原"。芦芽山也是著名的佛教圣地，更是毗卢大佛的惟一道场。唐宋时，芦芽山中寺庙林立，有300余处。明崇祯初年，芦芽山被巨盗所占，放火焚烧了大部分寺院，仅留下一些遗迹和芦芽山顶部的太子殿。

芦芽山风景名胜区主要有芦芽山景区、马仑草原、天池景区、汾源景区、情人谷景区、万年冰洞景区、古栈道景区、悬空村景区等。

太子殿。太子峰即为芦芽山主峰，位于五寨县东南26公里处，海拔2736米，是傲立于群山峻岭中的一座雄峰，因芦芽山主峰绝顶上的太子殿而得名。太子殿建在仅约10平方米的石坪上，用来供奉佛祖如来的法身毗卢佛。此殿是一座正方体石砌建筑，殿顶向四面披散，原以铜瓦铺盖，今已遗失。殿门北向而开，门楣有石凿"太子殿"三字。两侧墙壁又凿"佛祖"二字，工整雄劲。因其位居群山，数十里外即可看到。太子殿是除五台山和青藏高原外国内最高的佛教石砌建筑。

马仑草原。俗称黄草梁，为亚高山草甸，海拔2721米，与芦芽山仅隔一条数百米深的山沟，南北相望。马仑草原是集草原、高山、森林、峡谷、奇松、怪石、墓塔、长城为一体的景区。

天池。古称祁连池或祁连泊，位于宁武县城西南20公里、海拔1900米的分水岭山巅，水面面积约0.8平方公里，蓄水量约800万立方米，为天然高山淡水湖。与长白山天池、阜康天池并称为我国三大天池，其最大的特点是湖泊群数量多达十几个。

汾河源头。汾河是山西省最大的河流，全长710公里，也是黄河的第二大支流。它发源于宁武县东寨镇以西楼子山下的水母洞。汾河源头四周翠峰叠嶂，水流非常清澈。

情人谷。又名马营潭，位于林溪山深处、马仑村北侧，是一条东西走向的幽谷，全长5公里，入口处宽不足20米，谷内时宽时窄，弯弯曲曲，有"柳暗花明又一村"之趣。

万年冰洞。位于宁武城西50公里处的春景洼乡麻地沟村，海拔2300米。即使洞外炎夏酷暑，洞内仍旧寒气逼人，冰雕玉砌。冰洞洞腔垂直向下，深达100多米，最宽处约40米，最窄处仅有几米。洞内晶莹剔透，冰瀑、冰花、冰峰、冰笋、冰床等各种冰雕千姿百态，令人目不暇接。

悬崖古刹栈道。位于涔山乡张家崖村西的翔凤山上，创建年代可上溯到唐朝贞元年间。古籍记载，栈道为连通多座山峰上的寺庙而筑，原长42华里。此栈道的特点是通过一条栈道，将悬棺、悬空寺(仙人洞)、龙王庙、大石门天堑等联通。

悬空村。指涔山乡王化沟村，因其建在半山腰上，远望好似空中楼阁，故得名。"悬空村"的房屋错落有致，户户相连。村民的牛、羊、骡圈等也建在悬崖绝壁边上。整个村子面向峡谷，前半部分多以木柱支撑，悬空而建。

石门悬棺。位于涔山乡境内的石门峡谷里，峡谷全长3公里，谷内中部集中了五种不同形式的悬棺，距离地面最高达到100米，最低也有10余米。至今，悬棺何人所葬、葬了何人仍旧是个谜。

支锅奇石。位于汾源的北边，由两块小石头支撑着一块大石头，屹立在30多度的斜坡上，像一个加盖的锅，故得名。

芦芽山全景（景区提供）

芦芽山旁侧山峰（佘高红摄影）

芦芽山景色

芦芽山山景

宁武县芦芽山风景名胜区

芦芽山山顶及其太子殿

芦芽山山景

马仑草原景色

马仑草原景色

宁武县芦芽山风景名胜区

万年冰洞内景

松树树干景色

松林

河曲县 黄河娘娘滩 风景名胜区

黄河娘娘滩风景名胜区主要包括娘娘滩景区、海潮庵景区、岱岳庙景区。

娘娘滩景区。 为城北7公里处黄河河道中央的一片台地。黄河5000多公里的行程中，由于河流缓急多变和地质情况差异，在许多地方形成河中小岛。唯独流至河曲县境内，由于山谷宽阔，水面扩展，水流缓慢，中间泥沙长时间堆积，形成娘娘滩。娘娘滩东西长约800米，南北宽约500米，总面积约300亩，地势平坦，土肥树壮，四面环水，绿树参天，环境幽雅，非常优美，是万里黄河惟一有人居住的小岛。娘娘滩上游5公里处，有太子滩。太子滩从河中直落数十丈，陡峻雄伟，顶部有田数十亩。

关于娘娘滩之名的由来，甚为悠远。相传汉高祖刘邦驾崩后，吕后篡位专权，身怀六甲的薄姬（汉文帝之母）被贬，由大将李广等秘密护送出宫，为躲避吕后陷害，曾避难于凤凰台（今娘娘滩），故称娘娘滩。薄氏在娘娘滩生下汉文帝刘恒后，担心吕后谋杀她的儿子，便将其转移至上游不远处的另一石岛上，与娘娘滩遥遥相望，后被称为太子滩。直到12年后，少年刘恒称帝，二人方才返回宫中。明万历二十五年《重修圣母祠碑记》中载："圣母者，祀汉文帝母薄太后也。祠于黄河岸边者，河中有沙洲二，曰'娘娘滩'、'太子滩'。父老相传，高祖贬薄姬于此地潜住，故名。夫薄太后生文帝，为吕后诬贬，载在野史，今壁间赵汉纪述考核甚详。而河中二滩，邑志辨疑，不为无据，兹不具论。惟是二滩旧俱有庙，不审建自何时，今其遗址犹存，往往得瓦，头隶有'万岁富贵'字样，则当时为皇王圣后之庙无疑。缘河中汹涌，且北岸邻房，不便修复"。圣母祠于20世纪60年代塌毁，后在旧址上修复。

岱岳庙景区。 位于河曲县城东6公里的岱岳殿村西南梁上。据庙内金大定十七年（1177年）的功德幢记载，该庙创建于金天会十二年（1134年），后历代均有修缮，现存建筑多为明清遗构。寺庙坐北朝南，南北长65米，东西宽50米，占地面积3250平方米。现存建筑15座，中轴线上分布有山门、乐亭、天齐殿（正殿）、后土殿，西侧便门内建龙王殿、灵官殿、地藏殿、圣母殿（奶奶庙），东侧便门内建禅房、关帝殿、岳武殿、玉皇阁、日月宫、包公祠、"光明如来"释迦宫等。除日月宫为砖砌洞外，其余建筑均为木架结构。正殿天齐殿面阔三间，进深四椽，脊刹背面有"正德元年重建"题记。殿前方植有千年古柏一棵，需两人合抱。庙内各殿共保存壁画104平方米，内容丰富，绚丽多彩，有较高的艺术价值。如后土殿内绘壁画77幅、23平方米，主要内容为佛家"因果报应"图。此外还保存有塑像15尊，碑碣11通。

海潮庵景区。 位于河曲县城东南35公里处的旧县村涧河之滨。根据碑文记载，始建于明万历年间（1573～1620年）。明末毁于战火，清顺治年间

（1644～1661年）重建，康熙八年（1669年）、乾隆十八年（1753年）曾修葺。清道光年间（1821～1850年），僧人曾多达百人。海潮庵北枕高冈，南临大涧，依山建寺，山环水绕，错落有致，景色宜人。寺院坐北面南，占地7200平方米，共70余间，三进院从前到后逐步升高，中轴线上依次有山门、观音殿和藏经楼，两侧有钟鼓楼、弥勒殿、地藏殿、斋堂、禅室。中轴线东侧有碾磨院、菩提院、九师塔院，西侧有十方院、牛犋院、方丈院、水月院。院与院之间以院墙相隔，开洞门通达，错落有致，每进一门，豁然开朗。寺庙内建筑多为砖券窑洞，部分木构。现存清代塑像20余尊，清代壁画25平方米。

娘娘滩鸟瞰

娘娘滩上侧

娘娘滩及其周边

河曲县
黄河娘娘滩风景名胜区

娘娘滩湿地、山体和长城

娘娘滩圣母祠

岱岳庙内景

海潮庵远眺

海潮庵内景

海潮庵壁画

岱岳庙壁画

代县山阴县 雁门—广武 风景名胜区

雁门—广武风景名胜区主要包括雁门关景区、文庙景区、阿育王塔景区、杨家祠堂景区等。

雁门关景区。位于代县县城西北约20公里的雁门山上。雁门山地处恒山山脉中段脊部，主峰海拔1780米，地势险要，历来为军事重地。关于"雁门关"之名的由来，《山海经》中解释："雁门山者，雁飞出于其间"。顾炎武在《天下郡国利病书》中亦载："重峦叠嶂，霞举云飞，两山对峙，其形如门，而蜚雁出入其间"。

雁门关是汉击匈奴、唐防突厥、宋御契丹、明阻瓦剌的要塞，被称为"外壮大同之藩卫，内固太原之锁钥，根抵三关，咽喉全晋，势控中原"。古时亦有"得雁门而得中原，失雁门而失天下"的说法。在长城九塞中，雁门关被誉为万里长城第一关。秦始皇时期的《舆图志》中记载"天下九塞（关），雁门为首"。明代时，雁门东陉关瓮城门上镶有"三边冲要无双地，九塞尊崇第一关"的对联。

雁门关关城遗址位于内长城南（内侧）5公里，平面呈不规则形，周长1公里，高约2丈，砖砌石座，东门石刻匾额"天险"，门上建雁楼，西门石刻匾额"地利"，门上设关楼。西门设瓮城，瓮城门额上书"雁门关"三个大字。另外，现尚存长城雁门关段，长约2.5公里，修筑于山脊，砖头砌筑，高约2米。根据清光绪六年（1880年）《代州志》载，此长城始建于北齐，北周大象年间（579～580年）增筑，后来在隋代和宋代均有修筑，现存为明万历

三十四年到四十二年（1606～1614年）在旧址上增高砌筑而成。

雁门关风景优美，气势雄壮。唐代诗人李贺在《雁门太守行》一诗中写道："黑云压城城欲摧，甲光向日金鳞开。角声满天秋色里，塞上胭脂凝夜紫。半卷红旗临易水，霜重鼓寒声不起。报君黄金台上意，提携玉龙为君死。"

阿育王塔景区。阿育王塔，俗称白塔，位于代县县城东北面，与边靖楼遥相对峙。2001年被国务院公布为全国重点文物保护单位。据光绪《代州志》记载，塔始建于隋仁寿元年（601年）。当时为木塔，名曰毗绪，又叫龙兴。唐会昌二年（842年）灭佛运动时，塔被毁。唐大中元年（847年）又重建，改"龙兴"为"园果"。宋元丰三年（1080年）因雷电焚毁。宋崇宁元年（1102年）再次建。南宋嘉定十一年（1218年）元举兵南下时，再次烧毁塔。元至元十二年（1275年）改建为砖塔。现存的阿育王塔就是这时修建的。该塔优美精致，端庄稳健，挺拔宏伟，是我国藏式塔中的佳作。塔基平面为长方形，塔身建于台基的正中央。塔身平面为圆形，用砖砌筑而成，周长60米。塔身高40米，雕刻着各种花饰、荷瓣和印度的"陀罗尼经"。1948年4月7日，周恩来副主席、任弼时等同志路居代县时，曾在塔旁摄影留念。

文庙景区。文庙创建年代不详，元至正十八年（1358年）毁于兵火，至正二十七年（1367年）倡议重建，明洪武二年（1369年）竣工，后在明代和清

代多有重修和增建。文庙坐北朝南，占地面积1.8万平方米，中轴线上有万仞坊、棂星门、泮池、戟门、大成殿等。万仞坊为四柱三楼木牌坊，单檐歇山顶，正中书"万仞宫墙"。棂星门为六柱五楼木牌坊，砖石台基，单檐歇山顶，正中雕"棂星门"三字，两面有精致的木雕。大成殿面宽七间，进深五间，殿内有四层八卦藻井，甚为精致。前院有两棵唐槐。

旧广武城。位于山阴县南部，和代县毗邻，雁门关以西。现存古城为辽代夯筑，明代包砖。平面呈方形，南北长约500米，东西宽约350米，四周有马面16座，东、西、南三面各有城门一座，均为砖砌拱形顶。城墙为夯筑，外面包砖，宽5～8米，高4～8米。

雁门关山势

雁门关长城局部

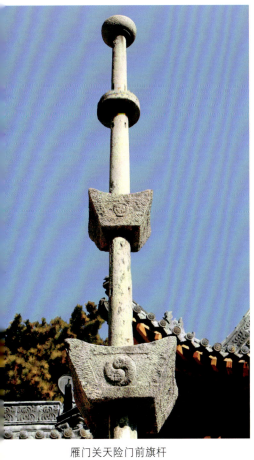
雁门关天险门前旗杆

雁门关天险门

雁门关古道

杨家祠堂山门

杨家祠堂杨业佘太君塑像

阿育王塔（全国重点文物保护单位）

文庙大成殿及其殿前院落（全国重点文物保护单位）

代县山阴县
雁门—广武风景名胜区

文庙棂星门

文庙大成殿前院落

旧广武城及其长城（全国重点文物保护单位）

旧广武城城墙

代县 赵杲观 风景名胜区

赵杲观风景名胜区位于代县县城东南23公里处的天台山，2004年被公布为省级风景名胜区。天台山为五台山脉西段，主峰海拔1951米。山体呈"山"字形，中部孤峰耸起，两侧为峭壁沟壑，险峻幽深，峰峦竞秀，松柏荟萃。

山腰间有著名的赵杲观（又名天台寺）。相传春秋战国时，晋国国王赵襄子为统一北方，将其姐夫代国国王诱骗至夏屋山（恒山之巅，距代县城30公里）杀害，并于不久之后吞并代国。代国丞相赵杲护卫代王家眷逃至天台山峡谷中隐居避难，后人为纪念赵杲丞相终身不仕，笃志道教，便修祠奉祀，称赵杲观。根据碑文记载，赵杲观创建于北魏太延年间（435～439年），明成化年间（1465～1487年）、万历年间（1573～1620年）曾重修，清康熙年间（1662～1722年）曾扩建。

山上的宗教建筑分南北两部分，称北洞区和南洞区。北洞区以道教为主题，南洞区以佛教为主题，其中北洞区规模较大。

北洞区。 北洞区主要建筑有赵杲观、朝元洞、老祖洞、九仙女阁、仙阁云梯和药王殿等，其中赵杲观为主要建筑。赵杲观为三进院落，第一进院正殿圣母殿，建于明嘉靖十五年（1536年）。殿身右接碑廊，内置若干清代石碑。院西侧的砖雕门楼建于明万历三十七年（1609年），门洞上的匾额前书"万圣门"，后书"蓬莱境"。第二进院内有三间砖窑洞，坐北面南。第三进院地势较高，视野开阔，正殿大雄宝殿，面阔三间，单檐歇山顶，外带檐廊，左右配有耳殿。殿堂内原供奉道教三清塑像，现改为三世佛，东西山墙塑有十八罗汉像，形态各异，栩栩如生。殿前西侧还有明万历年间的经幢1尊。东侧为1993年重建的大佛殿，面阔三开间，内供三身佛。东西配殿各三间，单檐歇山顶，筒瓦盖顶，分别为伽蓝殿和地藏殿。院内西南有阁楼一座，十字歇山顶，内供横置金刚杵的韦驮菩萨。

朝元洞位于赵杲观东侧峭壁，镶嵌于三角形巨大裂口之内。建筑底部两层为岩洞，内设仅容一人通过的竖向洞口，扶铁索垂直攀岩方可登上顶部的五层砖木阁楼。阁楼主体木架结构与岩壁相互交错，层层递进如叠罗汉式，由下至上分别供奉十八罗汉、接引佛、真武大帝、玉皇大帝、弥陀佛。

老祖洞位于赵杲观后面的半山腰上，有座上下三层的楼阁式建筑嵌入其中。楼阁面宽三间，出廊挑檐，原供道教祖师老子，现塑像已毁。

九仙女阁位于朝元洞东侧，内建殿阁三间，塑九仙女像，阁外塑赵杲泥像，头顶距离石崖顶仅两尺半。

仙阁云梯为赵杲观最险峻的景观，位于九仙女阁南侧的峭壁高处。远观有三层木阁楼悬空而建于山腰，居高临下，并不通路，仅靠数十米长的一根铁索通达，惊险奇绝。阁楼倚天然石洞而建，一层面阔五间，供碧霞元君；二层面阔三间，供关公、周仓、关平；三层仅一间宽，供三清道人玉清元始天尊（天宝君）、上清灵宝天尊（灵宝君）、太清道德天尊（神宝君）老子。

药王殿位于仙阁云梯东侧的半山腰，坐东面西，面阔五间，外带檐廊，黄色琉璃瓦盖顶的单檐歇山顶，为近代新建的仿明建筑，内供药王名医彩塑。

南洞区。 位于北洞南面的半山腰，亦称古南洞。有自在庵和三圣殿，其中自在庵为主要建筑。自在庵有山门一座，院内有坐北面南的窑洞两孔，禅房三间，禅房内的后壁上有一形似柜门的洞口，进入内部则是一座天然石窟，冬暖夏凉，可以在其中自在修行。自在庵遗留石碑两通，分别为康熙五十一年的《重修赵杲观碑序》与康熙五十七年的《重修南洞碑》。三圣殿依靠自在庵上层的石洞而建，面宽三间，外带檐廊，内部供奉文殊菩萨、普贤菩萨、观音菩萨，故又称观音殿。两侧山墙前面塑有十八罗汉，两壁分别绘有四幅"观音救八难"的壁画。

朝元洞

赵呆观全景

绝壁和楼阁

赵杲观大雄宝殿

仙阁云梯

偏关县

老牛湾景区—万家寨景区

老牛湾景区—万家寨景区位于山西省和内蒙古自治区的交界处的偏关县，以黄河为界，北岸为内蒙古的清水河县，西邻鄂尔多斯高原的准格尔旗。当地百姓形容该湾就像老牛横身一般，故得名"老牛湾"。民谣传唱："九曲黄河十八弯，神牛开河到偏关，明灯一亮受惊吓，转身犁出个老牛湾"。这里也是万里长城经河套平原进入晋蒙峡谷后，第一次与滚滚黄河交汇，是黄河文化和边塞文化的汇合点，是一处由黄河、长城、古堡、古渡口、古栈道、古村落、古庙宇形成的兼有自然景观和人文景观的著名景区。整个景区由"三湾一谷一库"组成，分别是老牛湾、包子塔湾、四座塔湾、杨家川小峡谷、万家寨水库等。

老牛湾古堡。 黄河的"几"字形弯将山西、陕西、内蒙古分割开来。在明代，位于边陲的老牛湾以犄角之势成为防御体系中险要的关口。古堡坐落于黄河东岸一块突出的悬崖峭壁之上，三面环水，视野开阔。清光绪《山西通志》载："老牛湾，明成化三年（1467年），总兵王玺筑墙。崇祯九年（1636年），兵备卢友竹建堡"。古堡平面呈长方形，东西长约130米，南北宽约100米，墙体夯实，杂有碎石，设有城门与瓮城。南门外有瓮城，南北宽15米，东西宽12米。堡内民居主要采用窑洞的形式，随山就势，高低错落，石材砌筑。院落内外有石碾、石磨、石槽、石圈、石桌、石狮等，一幅原生态的景象。堡内观音阁、关帝庙及多座小庙破坏严重，但香火不断。传说堡内所住居民均为当年守边将士的后代。古堡西200米处遗留一座砖砌空心敌楼，俗称"望河楼"，保存完好。望河楼建于明万历二十五年（1597年），临崖而立，又称老牛湾墩、护水楼，高23米有余。

由于天然的水运交通优势，老牛湾成为一处因军事要塞兼古渡口而形成的物流中转站，河套平原的大部分货物都要经黄河水运到达此处，再继续南下进入山西境内，久而久之成为一大商埠重地。相传其鼎盛之时，河道之上船只每天穿梭来往达数十只之多，一派繁华。

包子塔湾。 这里尽显黄河九曲十八弯的独特美景，可谓"断崖万仞如削猴，飞鸟不度山石裂"。河湾两岸悬崖林立，河道曲折蜿蜒。而内侧的包子塔湾被围合成为一个半岛，被人形象地称为"中国的科罗拉多"，为整段峡谷中最雄浑壮丽之处。

四座塔湾。 典型的晋北地区黄土高坡山村景象，建筑以窑洞为主，依山布置，梯田层层退让，广袤壮丽。

杨家川小峡谷。 全长8公里，沿线分布有长城古堡、古村古庙、栈道码头等多处独特景观。

万家寨水库。 位于老牛湾西南17公里处，是一座以供水、发电为主，兼有防洪、防凌等作用的大型水利枢纽。万家寨引黄工程和水利枢纽工程为国家重点工程，发挥输水到太原和发电供华北的重要作用，同时解决了晋蒙地区工农业及生活用水的严峻问题。水库控制流域面积39.5万平方公里，总容量8.96亿立方米，调节库容4.45亿立方米。每年向内蒙古和山西供水14亿立方米，电站装机108万千瓦，年发电27.5亿度。工程于1993年立项，1994年底主体工程开工，1995年12月截流，1998年10月1日蓄水，1998年11月28日首台机组发电，2000年全部机组发电。随着水库的竣工，老牛湾因位于库区范围之内，黄河水位比原来提高几十米，水流速度减缓，水体颜色由浑黄变为墨绿色，景象也更加平静迤逦。遗憾的是，几百年前的河边古渡口却被黄河水淹没在浩瀚的历史当中。

老牛湾周边山体和长城

老牛湾古堡

包子塔湾

偏关县
老牛湾景区—万家寨景区

老牛湾岸边

老牛湾望河楼及黄河

老牛湾古堡民居

万家寨水库

定襄县
河边民俗风景名胜区

河边民俗风景名胜区位于定襄县城西北22公里处,主要包括阎锡山故居景区和洪福寺景区。

阎锡山故居景区。 阎锡山,定襄县河边村人,29岁任山西都督,1931年被蒋介石任命为太原绥靖公署主任,曾执政山西近40年,一度出任国民政府行政院长,1949年前往台湾。阎锡山故居东靠文山,西傍沱河,始建于1913年,1937年竣工,耗资140万两银,先后建成了都督府、得一楼、上将军府、二老太爷府、穿心院、东花园、西花园以及子明慈幼院等大小30多座院落,近千间房屋。这些建筑根据修建时代的不同,大致可分为三个部分:第一部分包括文昌堡的都督府、得一楼、上将军府及二老太爷府等七八个宅院,属20世纪20年代前的早期建筑;第二部分包括西汇别墅,属20世纪20年代中期建筑;第三部分包括东西花园,属20世纪30年代晚期建筑。阎锡山故居现存有27座院落,房屋700余间,总占地面积3.3万余平方米。

都督府为两进院落,砖碹门额,上面刻有"都督府"三个大字。院内有东厅五间,供奉祖宗牌位,其余为住宅,在建筑风格上,东厅顶部及前后院过道等都是罗马教堂式尖顶。

得一楼位于都督府后面,与都督府连在一起,并通过地道与东花园相通,是一座三层四角小红楼,玲珑精致,四周檐角飞翘,登楼可居高临下,一览全村风貌。

穿心院位于都督府斜对面,东西二楼相对,人们可随意穿过。

上将军府位于阎氏老院对面,为四合院格局。

东、西花园东西相对,是河边村阎锡山故居中规模最大、最为奢华的建筑,实质上是阎锡山的府邸。东花园坐东朝西,门前有砖雕照壁,门额上有"文沱草庐"四个镏金大字,三进院落,进大门,为假山,假山后面为第一进院落,地面以鹅卵石和青砖铺砌成各种几何图案,院内有东楼、喷水池、石雕栏杆,是阎锡山的副官、卫兵等居住、办公的地方。穿过东楼正中,即为第二进院落。第二进院落较一进院落面积稍小,但建筑风格庄重典雅,院内有正厅、东大厅,其中东大厅是阎氏族人议事、宴会的地方。在院落西南角的二楼后面有地道可通往得一楼、二老太爷府。穿过东大厅右侧的垂花门,为第三进院,面积最小,但建筑十分考究。三院正厅为"当仁堂",是招待宾客的地方,院东南为三层结构"七星楼",也称"红楼"。正厅后面有一偏僻小院,正面西侧为阎锡山的卧室与办公室,东面为二层哨楼。

西花园三进院落,规模较小,内有窑洞、大厅、二层电影放映厅。

总体而言,阎锡山故居格局完整,建筑风格多样,装饰精美,中西合璧,地方特色鲜明,保存完好。其石雕、砖雕、木雕技艺精湛,题材广泛,艺术价值极高。同时,阎锡山故居和近代诸多历史事件及名人均有相关牵连,有重要的历史价值,同时也是研究阎氏家族和阎锡山本人兴衰的珍贵实物。旧居中还有不少珍贵文物,如国家一级文

物的孙中山手迹"博爱"等。阎锡山故居现已辟为河边民俗馆,对外开放。

洪福寺景区。 位于定襄县宏道镇北社村,始建年代不详,据碑刻记载,于金代天会年间(1123~1137年)重修,明清时期又多次重修。2001年,被国务院公布为第五批全国重点文物保护单位。寺院建于7米高的土台上,坐北朝南,占地面积2800平方米,一进院落,四周为城堡式围墙,高约10米,寺内有山门、正殿、东西配殿、堡门等。

正殿为金代建筑,砖石台基,面宽五间,进深三间,单檐悬山顶,殿内山墙上正中为释迦牟尼佛,两侧为弟子迦叶、阿难,再两侧为文殊、普贤二菩萨,再两侧为两尊胁侍及金刚护法神等塑像,这些塑像多为元代遗构,弥足珍贵。

阎锡山故居东花园一角

阎锡山故居东花园居仁堂

阎锡山故居东花园一院俯瞰

阎锡山故居东花园水塔

阎锡山故居鸟瞰

阎锡山故居东花园二院鸟瞰

阎锡山故居都督府

阎锡山故居家训石刻粹选

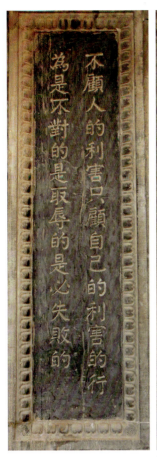
不顾人的利害只顾自己的利害的行为是不对的是取辱的是必失败的

管人须知识能力人格均足以领导人还能通人情有正当言语能勤劳以指挥人方能尽人之所长

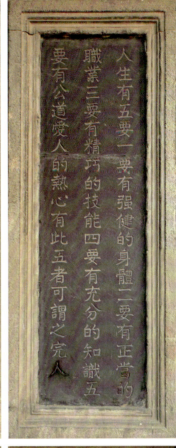
人生有五要一要有强健的身体二要有正当的职业三要有精巧的技能四要有充分的知识五要有公道爱人的热心有此五者可谓之完人

做事是人生的结果做的事多就是此生的结果大做的事少就是此生的结果小为做人即应当做事

自处要常常站在原谅人的地位不可求人原谅求人原谅是低人一头能原谅人是高人一头

计算一年不如计算一月计算一月不如计算一日计算一日不如计算一时盖以一时所损益者为数虽小而累以年月则为数甚大

人以生为原则人生以结果为目的人生的要素有二一为物质一为精神故人生的结果亦有二一为物质的结果继续是也二为精神的结果成仁是也做人须二者兼成

洪福寺塑像（元代）

洪福寺正殿（全国重点文物保护单位）

洪福寺塑像（元代）

洪福寺外墙

平遥县 平遥古城 风景名胜区

平遥古城风景名胜区包括平遥古城景区、镇国寺景区和双林寺景区。1997年"平遥古城"（包括"一城二寺"）被列入《世界遗产名录》。

平遥古城景区。 位于山西省中部，汾河以东。明洪武三年（1370年）在旧墙垣基础上重筑扩修，并全面包砖。清康熙四十三年（1704年）因皇帝西巡路经平遥，而筑了四面大城楼，使城池更加壮观。古城街道基本保持了明清风貌，全城以东、西、南、北4条大街为主线，构成主要轴线。城门6座，南北各一，东西各二。城内纵横交错以8条小街、72条小巷，构成近似于龟甲之形的八卦图案格局，故有龟城之称。鼓楼为龟之脊骨，南门为龟首，北门为龟尾，东西各两门为龟的四足。平遥城墙总周长6163米，墙高约12米。城墙上还有72个观敌楼，有垛口3000个，传说象征孔子3000弟子、72贤人。城内现存的古建有文庙、清虚观、城隍庙、市楼、日升昌票号旧址、百川通旧址等，另外，还有当铺、布庄、染铺、镖局等200余家昔日商号店铺，有400余处保存完好的民居院落。世界遗产委员会评价道："平遥古城是中国境内保存最为完整的一座古代县城，是中国汉族城市在明清时期的杰出范例"。

镇国寺景区。 位于平遥县城东北12公里的郝洞村，寺内现存五代、元、明、清时期的建筑共40余间，彩塑50余尊，壁画100余幅等。镇国寺创建于五代时期北汉天会七年（963年），金天德三年（1151年）重修。该寺原名京城寺，明嘉靖十九年（1540年）改为镇国寺。镇国寺分前后两进

院落，布局严谨，中轴线上现存天王殿、万佛殿、三佛殿。万佛殿是镇国寺的主殿，建于五代时期北汉天会七年（963年），是我国现存最古老的木结构建筑之一，弥足珍贵，殿内佛坛上共有彩塑11尊，都属五代作品。殿前两棵古槐，一棵枝干弯曲，形如虬龙，一棵形状敦朴，酷似猛虎，因此人称"龙虎槐"。三佛楼创建于明代，三尊主像是"三身佛"，两侧山墙壁上有52幅壁画，为明代时期的作品，用连环画的形式表达了佛祖释迦牟尼的一生，集山水花鸟，人物于一体，形象生动，主体鲜明。

双林寺景区。 位于平遥县城西南6公里的桥头村。寺中的古代建筑以及彩塑、宋碑、唐槐、明钟都是稀世珍宝，其中尤其以彩塑艺术闻名于世，被专家誉为"东方彩塑艺术宝库"，现存宋、元、明、清佛像约2000多尊，大者丈余，小者尺许，神态生动，形神兼备，艺术价值极高。

双林寺原名中都寺，因地处中都故城而得名。中都寺建于何时，因没有明确的文献记载，至今尚难确考。据寺内现存北宋大中祥符四年（1011年）《姑姑之碑》所记："（中都寺）重修于北齐武平二年（571年）"。宋代，取佛经"双林入灭"之说，中都寺改名双林寺。

双林寺坐北朝南，中轴线上有山门、天王殿、释迦殿、大雄宝殿等，两侧有罗汉殿、武圣殿、阎王殿、土地殿、钟鼓楼、千佛殿、阎王殿等。释迦殿正中坐像为佛教创始人释迦牟尼像，左右为文殊菩萨和普贤菩萨，殿内四壁以以连环画的形式塑有释迦牟尼的48个故事，概述了释迦牟尼从投胎降生到成佛的一生。罗汉殿中塑十八罗汉，其中十四尊为坐像，四尊为站像，这些罗汉彩塑颇具宋塑风格，形象逼真。阎罗殿内地藏菩萨居中而坐，左右塑十殿阎王和判官，皆挺然危坐，肃穆森然。武圣殿正中是关羽坐像，为清初所塑，气势威然，殿内四壁满布悬塑，为关羽一生故事片断。土地殿内的主要塑像是土地爷像，面带笑容，白须飘然，慈眉善目，俨然一副长者形象。大雄宝殿是全寺最为壮观的建筑，殿内塑像为"三身佛"，殿内还有明代所绘壁画《礼佛图》。千佛殿正中坐像为自在观音，四壁悬塑五百余尊菩萨像。菩萨殿主像为千手千眼观音，四周悬塑四百多菩萨，皆脚登彩云，重心前倾，造型生动，是明代悬塑精品。

平遥古城城隍庙

平遥古城文庙大成殿

平遥古城街道鸟瞰

平遥古城城墙局部

平遥古城局部鸟瞰

平遥古城市楼

平遥古城清虚观

平遥古城清虚观塑像

镇国寺塑像

镇国寺万佛殿

双林寺天王殿

双林寺千手观音塑像

平遥县
平遥古城风景名胜区

双林寺罗汉像

双林寺塑像

双林寺释迦殿释迦牟尼像

晋中市 晋商大院 风景名胜区

晋商大院风景名胜区包括灵石县的王家大院、祁县的乔家大院、祁县的渠家大院、榆次的常家大院、太谷的曹家大院等。

王家大院景区。 位于灵石县城东12公里静升镇，是清代著名晋商王氏家族的宅院，2001年被国务院公布为全国重点文物保护单位。王家大院建于清代，坐北朝南，现存主要建筑包括高家崖堡和红门堡，东西相峙而立，中间以一桥相连。高家崖堡现存建筑面积近2万平方米，共有大小院落35座，房屋342间，主要有敦厚宅、凝瑞居、桂磐书院、花院、长工院、围院（家丁院）和众多附属用房。红门堡因堡门呈红色而得名，依山而建，布局有序，院落整齐，前低后高，前堂后室，建筑面积2.5万平方米，共有大小院落88座，房屋776间。红门堡堡门位于南面，堡门内三条横巷和南北大道交叉，使得建筑群呈"王"字。三条横巷将整个建筑群依南北向分为四部分，从下而上当地人依次称为底甲、二甲、三甲、顶甲。高家崖和红门堡的南坡下的临街处有王家孝义祠，祠前有孝义坊。

常家大院景区。 位于榆次区西南东阳镇车辋村，为明清著名晋商常氏家族的宅第。常家在山西有"儒商第一家"之称。据《常氏家乘》载，车辋常氏从第六代始开始经商，鼎盛时期，不仅在国内外建起了近百个字号，而且在村内开设了米面铺、点心铺、裁缝铺、银匠铺、熟肉铺、磨坊、醋坊、药铺、杂货铺等。常家大破坏严重，现保存较好的仅有九个院落。常家庄园内木、石、砖三雕艺术精致，堪称清代雕刻艺术精品。

乔家大院景区。 位于国家历史文化名城祁县城东北12公里的乔家堡村，又称"在中堂"，保存完整，是明清时期著名晋商乔氏家族的宅院之一，2001年被国务院公布为全国重点文物保护单位。现存的乔家大院坐西朝东，占地10642平方米，建筑面积3870平方米，由6个正院、20个偏院组成，共有房屋313间。大院三面临街，四周全是高10余米的封闭式砖墙，屋顶上还有垛口、更楼和眺阁等，并且各院的房顶用走道相连，具有很强的防御性。大院中间有一条石铺的东西向甬道，六座大院（内含20个小院）分列两旁，北侧的三座大院从东到西依次是东北院（俗称老院，因其建造时间早）、西北院、书房院（现为花园）；南侧的三座院落从东到西依次是东南院、西南院、新院，甬道西端尽头是祖先祠堂。六座大院各由3～5个小院组合而成。

曹家大院景区。 位于太谷县县城西南5公里北洸村，是村内晋商巨富曹氏的宅院。太谷曹家以其始祖曹三喜创业，鼎盛时期，大小商号达640余座，遍及大半个中国。现存的曹家大院又称"三多堂"（"三多"意指多子、多福、多寿），始建于明末清初，坐北朝南，呈寿字形，占地10600平方米，分为南北两大部分，北面（内宅）东西并排三个穿堂大院，即西院、中院、东院，共计房屋287

亭，飞阁凌空。南面（外宅）有书房院、小戏台院、客房院、厨房院和药铺。内、外宅之间，有一条石条砌成的长66米的甬道。整个建筑群院中有院，错落有致，空间丰富，厚重古朴，雄伟壮观。其砖、木、石"三雕"技艺高超，精致优美。

渠家大院景区。 位于祁县县城内东大街，是清代著名的商业金融资本家渠源浈及其后人的宅院，当时院落曾达40座，人称"渠半城"。2006年，被国务院公布为全国重点文物保护单位。渠家大院始建于清中叶，坐北朝南，占地面积5300平方米，建筑面积3271平方米，外围为城堡式堡墙，高10余米，墙头呈垛口式，拱券大门洞，上有阁楼。院落为罕见的五

王家大院（已列入世界文化遗产预备清单）高家崖墙基石雕刻

王家大院高家崖宅院外通道

常家大院照壁

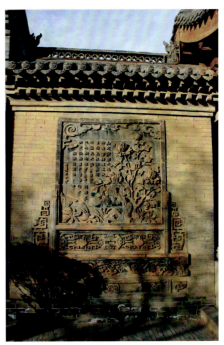

常家大院照壁

常家大院照壁

常家大院照壁

常家大院内门楼

常家大院祠堂山门

乔家大院（已列入世界文化遗产预备清单）正房

乔家大院阁楼及其屋顶

乔家大院屋顶

乔家大院门楼

曹家大院（巳列入世界文化遗产预备清单）外围

曹家大院正房

渠家大院（已列入世界文化遗产预备清单）院落鸟瞰

渠家大院正房

渠家大院一角

渠家大院牌坊

介休市 绵山 风景名胜区

绵山位于介休市东南方向，距市区约20公里，最高海拔2566.6米，是太岳山（霍山）向北延伸的一条支脉。古称绵上山或绵上。又因东周时期，晋国名臣介子推被焚于此而称介山。

绵山风景名胜区以绵山正峰抱腹岩为中心，西以桃坪（介休市龙凤乡）为界，东以太岳林场公里为界，南以灵石县马和乡荞麦庄山脊为界，面积164平方公里。其中核心区包括北峰天峻峰、南峰牛角鞍、中锋摩斯塔、西峰佛爷山、东峰艾蒿坡之间的山域，面积约54平方公里。绵山风景名胜区是一座集山光水色、文物古迹、革命遗址于一体的风景名山和历史名山，包括12个景区，主要景点如下：

龙脊岭。因两条形似飞龙的山脉交汇之处而得名，偏南方向的山脊似龙头高昂，龙身伸向后山，山峦起伏；偏北方向的龙脊蜿蜒东延，蔚为壮观。龙脊岭向阳背风，冬暖夏凉，是历代道家人物常去之处，共有修行洞12处。

蜂房泉。又名乳泉，位于大罗宫游览区的一处大湾岩壁上。岩壁呈凹字形，高约150米，宽约50米，是罕见的悬泉奇观。泉水从崖壁上形似蜂房、长满碧绿苔鲜的石乳上渗出，如断线珍珠，滴落池中，叮咚作响。

云峰寺。又名抱腹寺，因位于抱腹岩下而得名。清《介休县志》记载："抱腹岩，为绵山之奥，崖壁架空，群峰拥翠，岩中有云峰寺，土人呼为大岩。岩之对峙为南山，下为岩岗"。根据碑文记载，云峰寺始建于唐代贞观年间（627～649年），宋到清之间历经修葺。现存为明清建筑，分上下两层，并以石梯相连。底层有山门、石牌坊、大雄宝殿和禅房；上层中间为石佛殿，南为龙池、玉皇阁和悬空禅房，北面有十大明王殿、罗汉殿、三世佛殿、佛阁和观音殿等。上层建筑内的塑像，多为明清时期的作品。如罗汉殿内供奉观音菩萨像和十六罗汉像，塑于清康熙五十七年。

水涛沟。位于绵山后山。沟壑千回百转，两侧崖壁翠岭。沟底飞流激荡，形成20余处大小不一、形态各异的瀑布水帘，有的宛若银河落玉，有的如百溪争流，有的如二龙戏珠。沿沟主要景观有岩沟、碧溪垂钓、五龙树、菊花石、莲花峰、子母峰、刀劈石、天河瀑、雄狮瀑、水帘洞等。

古藤谷。位于水涛沟西侧，故又称西水沟。沿沟古藤缠绕，遮天盖日，怪石嶙峋，溪流遍地。主要景点有桥头探幽、静林瀑、"天趣"石刻、四不像奇树、千年古藤、藤王登。

介公岭。又称柏树岭，属绵山东峰，海拔2487米，是绵山第二高峰，是介子推隐身地和焚身处。在约10平方公里的山岭上，古柏参天，山花烂漫，郁郁葱葱。介公祠建于山岩之间的巨型石窟中。窟高22米，宽40米，深25米，由两根半径4.5米椭圆体大柱擎起。

栖贤谷。为介公岭西侧的一道蜿蜒而上的峡谷。因介子推母子曾在此栖身而得名。峡谷长约500米，宽约3～5米，两侧崖壁高约50～60米，被形容为"九曲一线天"。两边怪石嶙峋，谷壁挺拔如削，谷底流水湍湍，形成20余个清潭，深浅大小不一。

另外，绵山北麓有张壁古堡，亦为重要的景点。张壁古堡为明堡暗道式，地上部分为古代军事设施（城堡）、宗教建筑、民居的组合，地下部分为长达5000米的复式地道。古堡东西

长374米，南北244米，堡墙周长1.1公里。堡墙留有南北二门，中间是一条用红砂石砌成的300米的"龙脊街"，宽约5米，将村落分为两大部分。街东有三条东西向的小巷，从北到南分别是靳家巷、大东巷、小东巷，街西有四条东西向的小巷，从北而南分别是户家巷、王家巷、贾家巷和西场巷。堡内北门和南门各有一个庙宇建筑群。北门的城墙头上有三座庙，正中是真武庙，东侧是空王庙，西侧是三大士殿。南门处有可汗庙、关帝庙。明清时，张壁村有张、王、贾、靳四大家经商的富豪。张壁古堡为隋末农民起义军首领刘武周军事对抗李世民所建的军事堡垒，是我国古代军事防御工程的遗迹。张壁古堡融军事、居住、生产、宗教活动为一体，具有很高的历史、艺术和科学价值。

绝壁和山路

绵山峰岩

绵山峰岩和水沟

山峰绝壁

圣乳崖

抱腹岩中的云峰寺

云峰寺塑像（元、明、清时期）

水涛沟两段瀑布

水涛沟流水

水涛沟流水和小桥

水涛沟瀑布

说经台

293 介休市绵山风景名胜区

介公墓

介公墓亭子

灵石县 石膏山 风景名胜区

石膏山风景名胜区位于灵石县东南部42.5公里处，关镇峪口村以东，其边界西至峪口村，南界至五龙垦，东至灵石与沁源的县界，北至主峰花石岩，总面积约60平方公里。石膏山主峰雄踞太岳山北段，系太岳山支脉，南北走向，是群山之中的一座比较孤立的山峰，与介休绵山、沁源灵空山呈鼎足而立之势，主峰海拔1878米，坡度约为60度，为山西省中南部一座风光旖旎的历史名山。石膏山之名，取矿物质石膏之意，指石中流出的乳白色汁水。景源以石膏山主峰、花石岩主峰、二沟景点最为突出。1987年，石膏山被列入山西省第一批省级风景名胜区。

石膏山有东、西、南、北四峰。其中，北峰花石岩海拔2523.6米，是山西第三高峰，其中顶部有亚高山草甸，面积约4万平方米，呈椭圆形，每逢夏季，草花盛开，别有一番情趣；东峰孝文山，海拔高度2337米，古松茂盛；南峰海拔2034米，山高林茂；西峰海拔高度1878米，是石膏山主要景点集中所在地。四座山峰中，北、东、南二峰几乎排列在一条纵轴线上，只有西峰独立特出。

崖壁上多有溶洞。如下岩溶洞高约24米，宽40米，其内建有铁佛寺；中岩溶洞高1米，宽24米，深20米，其内建有天竺寺；上岩溶洞，又称抱佛洞，自然景观最为优美，怪石林立，钟乳石奇幻多姿，如玉石楼阁，冰柱垂檐，美人出浴，姿态各异；莲池溶洞洞高4米，深10米，洞内钟乳石因其形胜似莲花怒放，而得名。

石膏山泉水主要有"钟泉"、"龙潭神泉"、"莲池净泉"、"下岩"等，泉水量较小。天河（即仁义河）在石膏山山麓湍流而过，在许多地段形成大小不等的瀑流跌水，如"滴水崖瀑布"。在石膏山峡谷中沿天河逆流而上，在一片白杨树林背后有一道耸立的石壁，如刀削斧劈，约有60米高，崖头有一股水直泻而下，在冬季，形成悬崖间千丝万缕的银线，洁白如雪，蔚为壮观，被称为"滴水崖瀑布"。

石膏山植物景观种类繁多，主要有侧柏、油松、杜松、白皮松、落叶松、云杉等50多个树种。白皮松是石膏山的珍贵树种，为国家二级保护稀有植物。此外，因石膏山山高林茂，地形地貌复杂，在林中栖息繁衍的动物较多，其中兽类主要有金钱豹、麝、山羊、野猪、狐狸等。

明清两代，石膏山上佛教兴盛。明洪武八年（1375年），五台山道正和尚云游石膏山，见此山岩峭洞邃，群山环抱，奇峰耸翠，赞曰："此真蓬莱仙境也"。于是便在石膏山创建下岩白衣庵，弘扬佛法。明嘉靖三十四年（1555年），性法和尚于中上岩创建庙宇，改白衣庵为保安寺。明崇祯七年（1634年），寺院被烧毁。明崇祯十四年到清顺治五年（1648年），海涌和尚修复，改名天竺寺。据旧《石膏山志》记载，石膏山佛教活动最盛时，"全寺扬板敲钵，过堂上殿者四十余僧，朝夕功课精进不厌"。著名学者傅山先生亦曾于清顺治十四年（1657年）秋携子傅眉慕名游览石膏山，为石膏山留下珍贵墨宝，即后寨门"义峰壁"石刻一处，五言诗《义峰》一首（收于傅山诗文集《霜红》中），还为天竺寺题额"山林野趣"。光绪十八年（1892年），江南名僧空远大师（字道成）云游至此，见

山寺荒芜，遂邀四邑乡绅，募化布施，将上岩龙王洞、白衣殿、中岩全院、杉树院一所、下岩寺院一所，全部整修如新，又新建南天门，金装佛像，使萧条的寺庙复其旧观。

由于佛教的兴盛，石膏山也有较多的人文景点。西峰南侧有断崖绝壁，如天工削出，高约三四百米，宽约二三百米，其东西两翼延伸回抱，像一只横躺着的巨大金元宝。在元宝腹内，即断崖间，自下而上分布着三层石灰岩溶洞，下岩和中岩尤大，长宽高均在数十米之间，石膏山的寺庙便全部建在这些天然的溶洞中，风雨不侵。远观之，但见林莽苍苍；近视之，方现寺宇楼台，称之为"梵音洞天"。

石膏山溶洞外眺

二峰矗立

乙沟峡谷

官帽山

山脉绵延

罗汉顶

溶洞

罗汉顶

左权县 龙泉—麻田 风景名胜区

龙泉—麻田风景名胜区位于左权县城东南，包括龙泉景区和麻田景区。

龙泉景区。 主要有自然风光观赏区、雷音寺景区、北天池亚高山草甸景区等。主要景点有月牙湖、龙泉瀑布、龙窑寺、密林峡谷、寒背松涛、龟石天鼓等。其中龙窑寺建于悬崖峭壁溶洞内，选址独特，布局精巧；龙泉飞瀑从山崖飞泻而下，甚为壮观；峡谷幽深静谧，灵泉飞玉；登高可远望莽莽林海，亦可观环抱群山和太行山万里画卷；崖壁拔地而起，如刀削斧劈，有很高的观赏和考证价值；亚高山草甸，林茂草肥，恰似碧毡绿毯。主要景点如下：

月牙湖。 位于主景区入口处，为一方人工开凿的湖水，轮廓恰似一弯月牙，湖面光亮如镜，微波荡漾。湖里鱼虾繁多，在清可见底的水中自由游动，怡然自得。远处的青山绿树倒映水中，远远望去，仿佛一幅优美的画卷。

龙窑寺。 被誉为中华第一溶洞古刹的龙窑寺原名十龙洞，又名雷音寺。寺庙始建于南北朝时期，位于悬崖腰部的溶洞内。在山脚沿108级台阶攀登而上，眼前便出现一个天然形成的巨大岩洞。洞高45米，宽52米，深38米，洞内原有三层院落，依势建30余间房屋，每个房间里各有佛像，形成了自然溶洞。现在的龙窑寺成了当地百姓祈福的场所，逢年过节，人们就会来此烧香拜佛祈求平安，常年香火不断。

龙泉飞瀑。 飞瀑从溶洞中喷薄而出，洞口直径约4米，落差约20米，共分两叠。上叠水流湍急，飞流直下；下叠水流稍缓，如布幔高挂。落水处水气蒸腾，如神仙之境。泉水清冽可口，滋润万物，长期饮用，有强身健体之功用。

龙潭。 位于龙泉飞瀑的东南侧。潭的周围壁立千仞，气势逼人。水潭由季节性的山洪长期冲刷而成。潭中一青色大石，状如巨龙横卧潭中，龙身龙尾惟妙惟肖，与不远处的灵泉洞示意的龙头共成一体，看上去就像一条将要扶摇直上的神龙。龙潭之名即由此而来。

三仙洞。 位于龙泉山脚的溪畔，是三个相隔不远的天然溶洞。三洞中分别供奉着赵公明的三个妹妹，即碧霄、云霄和琼霄三仙子。每年农历五月十二，来此烧香者摩肩接踵，络绎不绝。

麻田景区。 位于左权南部，距县城45公里。抗战时期，麻田是中共中央北方局及八路军总部在太行山驻扎最久的革命根据地。镇南的八路军总部是当年国民革命军第十八集团军司令部的旧址。镇内有中共中央北方局旧址。当时十八集团军副参谋长左权将军在与日寇的作战中不幸牺牲，他的殉难处就在镇东北方向的十字岭，此处现在立有左权将军纪念亭。麻田记载了老一辈革命工作者奋勇抗战和辛勤工作的光辉历史，被誉为"太行山上的第二延安"。

八路军总部遗址。 位于麻田镇上麻田村西南部，距左权县城45公里，现存砖木结构瓦房30余间，属国家重点文物保护单位。左权、朱德、邓小平、彭德怀、刘伯承等老一辈革命工作者曾在这里工作生活。总部纪念馆共18个展室，分为总部办公室旧址、邓小平旧居、左权罗瑞卿旧居三大部分。馆内藏有革命文物183件，陈列图片370幅。纪念馆于1980年建立，现为全国爱国主义教育、

革命传统教育和国防教育的红色基地。

左权将军殉难处纪念亭。 亭中竖有一块汉白玉纪念碑，正面刻有"左权同志永垂不朽"八个大字。碑上还有邓小平同志和朱德同志为左权将军的题词和彭德怀将军亲手撰写的左权同志碑志。

太行新闻烈士纪念碑。 位于西山脚下，是为纪念在日军的侵略扫荡中牺牲的华北新华日报社社长何云等57位新闻工作者而设立的。石碑为长方柱形，正面是原国家领导人杨尚昆同志的亲笔题词"太行新闻烈士永垂不朽"，碑身右侧刻有何云同志简介，背面是何云等57位烈士的名字。石碑矗立于青山之中，记载着革命先烈们为革命工作作出的伟大牺牲和不朽业绩。

龙泉景区古树和岩崖

龙泉景区核心区之一

龙泉景区山体

龙泉景区飞瀑近景

龙泉景区观音寺

麻田丹霞地貌

麻田地貌

左权县
307　龙泉—麻田风景名胜区

麻田八路军总部纪念馆（全国重点文物保护单位）

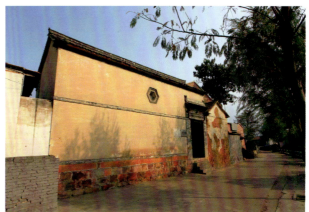

麻田邓小平旧居外观

麻田左权罗瑞卿旧居

临汾市
姑射山—尧庙 风景名胜区

姑射山—尧庙风景名胜区位于临汾市城西，距城区约30公里，1987年被公布为省级风景名胜区。

姑射山别名石孔山、藐姑射山，名字由战国时期著名哲学家庄子《逍遥游》中"藐姑射之山，有神人居焉"的词句而来。《吕氏春秋》中记载，帝尧广纳天下贤士，至藐姑射山拜谒四大贤人，在山中与鹿仙女相逢并喜结连理。姑射山是吕梁山脉的一个分支，方圆40余平方公里，海拔最高处1890.8米，山势险峻，沟壑纵横。被誉为晋西南第一峡谷的仙洞沟将山体一分为二，姑射山景区的精华——南北仙洞就坐落在两侧被劈开的峭壁之上。

姑射山林木葱郁，花草繁茂，动植物种类繁多，生活着国家一级保护动物黑鹳和褐马鸡。山中四季景色各不相同，春风夏花秋叶冬雪，各有一番趣味。山中苍柏参天，楼阁林立，构成幽深静谧的景区环境，为道教修行之人所青睐，自隋唐之时已为道教圣地，相传北宋徽宗曾亲游此处。风景名胜区由睡仙女峰、北仙洞、南仙洞、云雾寺、龙须瀑五个景区组成，主要景点如下：

睡仙女峰。 入山行不久，即可见远处山峰如少女卧于大地之上，身姿优美，玲珑有致，栩栩如生。民间传说此峰由少女丑姑变幻而成。

南仙洞。 位于仙洞沟西侧悬崖上，是姑射山的主要景点。建有寺庙名为兴隆寺，由70多间建筑和40多眼窑洞组成。宋金时期道士皇甫靖，元代道士任志真、王德仁曾在此修炼。明朝正德年间，五台山佛僧在此开辟山门，修建碧岩寺。寺内碑刻、彩绘、塑像保存较为完整，具有一定的历史与艺术价值。

北仙洞。 位于仙洞沟东侧山腰，与南仙洞隔谷相望。此处有会仙台、象头岭、乌龙谭、舍身崖、鹿沟、如意沟等景点。有佛寺名佛兴寺，现存建筑50多间，窑洞30多眼。主体建筑由大雄宝殿和王母阁构成，大雄宝殿内有"龙赐钦藏"经橱，内存经卷。

云雾寺。 又名照天池，现存镶有"云雾寺"三字的门楼一座。有舍身崖、如意沟、鹿沟、象头岭、会仙台、乌龙谭等景点。山中景色随四季变换呈现出纷繁多变的美丽色彩。

观音阁。 阁内供奉观音菩萨并文殊、普贤菩萨，两侧壁分四层，列有十二圆觉、阎罗、罗汉、二十四诸天像。阁内同时还有玄武大帝等道教造像。佛道共处，雕塑技艺颇精。

神居洞。 传说宋太祖赵匡胤曾三顾此洞。山洞入口处建有唐代崇道庙一座，庙中四壁绘二十八宿的壁画。大厅内，共塑像89尊，多为清代塑造，刻画佛、道、儒三教先祖，形成三教融合的局面。

龙须瀑。 此处有龙须瀑、仙境台、梳妆台、仙棺、马蹄铲及宋太祖赵匡胤两次坐过的宋王石和棋盘石、唐高祖李渊曾游的南天门等景观。

另外，临汾市区有著名的尧庙景区。尧庙初建年代无可考证，历史上曾经历多次搬迁和修葺，现存建筑原为清代遗物。庙宇占地5公顷有余，由山门、五凤楼、尧井亭、广运殿、寝宫等古建筑群组合而成，庙内古树名木繁盛，有距今1600余年的汉代古树柏抱槐、柏抱楸、鸣鹿柏、夜笑柏等等，为古庙更添几分生气。其中，五凤楼亦名"光天阁"，为纪念尧帝开天下文明而建，始建于唐乾封年间，后多经修缮，现存为明清建筑风格，重檐歇山顶，下有砖券三孔门洞，直通广运殿；尧井台相传为尧帝亲手挖掘，被后人称作"天下第一井"；四古柏，分列于尧井台四周，西侧两棵为"柏抱楸"和"柏抱槐"，在柏树中生出楸树和槐树各一株，东侧一棵因其枝桠酷似鹿角取名为"鸣鹿柏"，另一棵逢除夕之夜便发出"沙沙"之声，似人之笑，得名"夜笑柏"。

姑射山古建筑局部

姑射山古建筑群

临汾市
姑射山—尧庙风景名胜区

姑射山仙沟

姑射山景色

姑射山塑像

尧庙全景（全国重点文物保护单位）

尧庙广运殿

尧庙山门

尧庙尧帝及其夫人像

尧庙古树

尧庙内景色

洪洞县 广胜寺 风景名胜区

广胜寺位于洪洞县城东北17公里处的霍山南麓。霍山属于太岳山脉，山青水秀，风光宜人。《平阳府志》记载，广胜寺创建于东汉建和元年（147年），原名"阿育王塔院"。后来又称为"俱卢舍寺"。唐代宗大历四年（769年），汾阳王郭子仪奏牒上书皇上，奉请在旧寺故址重建寺院，云："塔接山带水，古迹见存，堪置伽蓝，伏乞奏置一寺，为国崇益福田"。皇帝看过奏折后大乐，"赐额为大历广胜之寺"，并由此得名"广胜寺"。因而"广胜寺"名至今沿用1200余年。元大德七年（1303年），洪洞和赵城发生强烈地震，广胜寺遭到毁灭性破坏。元大德九年（1305年），广胜寺开始重建。现存的广胜寺由上寺、下寺和水神庙三部分组成。

上寺。上寺建在霍山山顶平坦开阔地，中轴线上依次建山门、垂花门、飞虹塔、弥陀殿、大雄宝殿、毗卢殿。飞虹塔又称"琉璃塔"，由于这座砖塔表层全部用琉璃仿木构镶嵌而得名。飞虹塔建于明正德十年（1515年）到嘉靖六年（1527年），历时12年。塔身呈八角形，分13层，高47.63米，一层以上逐层收分。塔身用青砖砌筑，底层以上外表全部镶嵌着红、橙、黄、绿、青、蓝、紫七色琉璃构件，有斗栱、角柱、香莲柱。每层都是一组完整的内容，从上至下绝无重复。这座佛塔宏伟壮观，色彩斑斓，比例匀称，构思奇巧，工艺精细。在阳光照射下，通身的琉璃发出无数光芒，绚丽夺目，美丽异常，犹如天上一道道飞的彩虹。

上寺前殿为弥陀殿，现存主要结构为明嘉靖十一年（1532年）重建，但保留了元代建筑的一些风格。殿内供奉阿弥陀佛像，五官圆润、慈眉善颜。阿弥陀佛像左侧是观世音菩萨，右侧是大势至菩萨。这两尊泥塑像肌肉丰满，衣带飘洒，比例和谐，姿态自如，塑工精细，栩栩如生，是元代雕塑中的佳作。殿内东壁绘有明代的水陆画，颇有气势。殿内还保存着十余件古代藏经柜。闻名中外的金版大藏经《赵城经藏》就曾保存于此。

上寺中殿为大雄宝殿，重建于明景泰三年（1452年），殿内佛龛正中为释迦牟尼佛木雕像，恬静慈祥，表情含蓄，雍容华贵。释迦牟尼像两侧是文殊菩萨和普贤菩萨。这些人物塑像形象各异，各司其职，形象逼真。东西两山墙处有砖建佛龛，龛上塑十八罗汉坐像。

上寺后殿为毗卢殿，殿重修于明弘治十年（1497年）。殿正中三尊巨型泥塑是释迦牟尼的"三身佛"像，塑像下面为须弥座，雕有人物和彩绘，非常精致。"三身佛"前方是四位胁侍菩萨，均为站像，体态优雅。

下寺。下寺坐落于霍山下霍泉源头北侧，距上寺500米，高差约160米，依山势而建，对称布局，中轴线上依次排列山门、前殿、后殿。

下寺大雄宝殿殿正中三尊巨型泥塑是释迦牟尼的"三身佛"，即应身、法身、报身。四面墙壁上原绘有元代壁画，画幅大小不一，非常精美。可惜在民国18年（1929年）被古玩商盗卖出国，现陈列于美国纳尔逊艺术博物馆。

水神庙。水神庙位于广胜寺下寺的西侧，祭祀"霍泉神"，和下寺墙垣相接。霍泉出自霍山，是当地人民的母亲泉。水神庙依山而建，北高南低，中轴线上依次建山门、仪门、正殿，形成高

低错落的两个院落。

水神庙的正殿是明应王殿，俗称水神殿。明应王殿创建于元延祐六年（1319年），四周有廊庑。殿内正中的塑像是明应王像，高约4米，高大魁梧，威严肃穆。身边站着四位侍从，手中各端器物。在神龛下方，东西两边还塑有四尊大臣像，神态各异，有发怒的，有藐视的，有不满的，有不卑不亢的。明应王殿四壁布满元代壁画，绘于元泰定元年（1324年），总面积192平方米。这些壁画内容丰富多彩，涉及园林、村舍、街市和各种人物，反映了当时社会生活的真实面貌。南壁东半部是著名的元代杂剧演出图，上写"太行散乐忠都秀在此作场"，绘出了一个民间戏班登台做戏的场面，是元杂剧极盛时期的真实写照。

霍泉

入口照壁

古柏

飞虹塔（全国重点文物保护单位）

飞虹塔东北面第二层雕饰

飞虹塔西面第三层雕饰

飞虹塔东北面第三层雕饰

飞虹塔局部

吉县黄河壶口瀑布 风景名胜区

黄河壶口风景名胜区位于晋陕大峡谷中段，山西吉县和陕西宜川县之间，东距山西吉县县城45公里，以壶口瀑布为中心，主要景区沿黄河南北带状展开，总面积178平方公里，主要景点位于吉县西南部。在这里，黄河400～500米宽的河水骤然收束，跌入30余米宽的深槽中，形成巨大瀑布，像从壶嘴倒出一般，故名"壶口瀑布"。"壶口"之名，最早见于《尚书·禹贡》，其载："冀州。既载壶口，治梁及岐，既修太原，至于岳阳"，又载："壶口、雷首，至于太岳"。此后：诸如《山海经》、《淮南子》、《史记》、《水经注》等历代典籍均有考述。

壶口瀑布。 黄河流至壶口一段，数百米宽的水面骤然收束，飞泻而下，宛如由巨大的壶嘴倒出一般，形成一道20～25米的巨大瀑柱，轰然喷发，惊涛拍岸，声如雷鸣，激起50余米高的水雾，形成"水里冒烟"、"谷涧生雷"、"彩虹通天"、"群龙戏珠"等四大自然景观。郦道元《水经注》这样描述："其中水流交冲，素气云浮，往来遥观者，常若雾露沾人，窥探悚魄，其水尚崩浪万寻，悬流千丈，浑洪䨕怒，鼓若山腾，浚波颇叠，迄于口下"。在这里，有"千里黄河一壶收"的天下奇观，有"黄河在咆哮"的轰鸣巨响，有"黄河之水天上来"的壮美景观。由于河水长期冲刷侵蚀，壶口位置逐渐向上推移，落差亦在不断增高。

十里龙槽。 壶口下游有一条宽约30～50米的石槽，长近5公里，由黄河水侵蚀而成，河水顺槽而下，形象称之为"龙槽"。从《水经注》中记载可知，壶口现在的位置，已较1500年前的北魏时期向北移动了近5公里。

石窝宝镜。 "龙槽"两岸的黄河滩上，有许多圆形孔洞，大小不一，有的如碗口，有的如缸瓮，均口小而腹大，是由于洪水冲刷而成，非人工所凿。每在大雨后，石洞中注满清水，恰似一面面镜子。明朝张周祜曾有诗赞曰："河底有天涵兔影，山间无物掩蟾光；因甚孟门开宝镜？姮娥向晚理残妆"，故名"石窝宝镜"。

孟门夜月。 壶口下游3公里处有一孤岛，"远眺如舟，近观似山，川页看象柱，俯视若门"，人称"孟门山"。孟门山实为耸立于河心的一块巨石，长约300米，宽约50米，河水到此后一分为二，过此后合二为一。史书中关于孟门的记载很多。北魏郦道元所著《水经注》卷四："山西四十里，河南孟门山"。《山海经》曰："孟门之山，其上多苍玉，多金，其下多黄垩涅石，多涅石"。

旱地行船。 壶口瀑布将黄河水运通途割为两段，往来船只不得不卸货，由牲畜驮运下行，而船体亦由人力拖上石岸，下垫滚木，纤拉到瀑布下游水流缓慢处，再入水装货顺流下行，称为"旱地行船"。为了方便"旱地行船"，就在石岸上将洪水冲成的浅沟略加凿修，形成便于行船的通道。

明清码头。 由于在这里需要"旱地行船"，人们往往在此停息，这样便形成了一处水旱码头集镇。此镇兴于明代，繁荣于清代，衰落于抗日战争前，前后经历了400余年。繁华时节，镇中集有63家商号。现存旧窑洞100多孔，分为三层街道。

清代长城。 由于壶口地域河道很窄，特别在冬天，十里龙槽30米宽的冰面极易通过。清同治五年（1866年），为阻挡西捻义军跨河东进，清军修筑长城，全长75公里，平行于黄河。在壶口东岸设有一座城堡，现留有"河清门"与"四铭碑争"遗迹。现存遗迹以龙王庙碣至南原沟口一段较为完整，长约2公里。

克难坡城。 位于壶口上游东岸，是抗日战争时期，第二战区司令长官和民国山西政府驻地。原名南村坡，阎锡山在住进前，为避"难存"之谐音，改为"克难坡"。该城东西长约1公里，南北宽约0.5公里，三面临沟，一面靠山，易守难攻。阎锡山驻扎时，根据地形分为西新沟和一、二、三、四、五沟，其中一、二沟为内城。现存实干堂、洪炉台、忠烈祠、杨经略祠、阎公馆、真理室、批评室、检讨室、万能洞、屯兵洞、窑洞、望河亭等。这些建筑多采用窑洞的形式，上面均刻有阎锡山的题字。

壶口瀑布全景

河滩

壶口瀑布全景

壶口瀑布大水之时

壶口瀑布

河滩上的毛驴和老人

壶口瀑布

十里龙槽

孟门山

克难坡八大处

克难坡忠烈祠

克难坡窑洞内景

隰县小西天风景名胜区

小西天，俗称千佛庵，位于隰县城西一里的凤凰山顶，是典型的佛教禅宗寺院，周边为典型的黄土高原沟壑地区。1996年，被国务院公布为第四批全国重点文物保护单位。

小西天始建于明崇祯年间，由五台山火场寺僧东明募捐创建，选址极佳，三面环山，一面临河。据明代隰州州判杨季淳明崇祯十六年（1643年）撰写的《千佛庵碑记》记载："相成西北隅一山，负乾向巽，形类凤凰。中为身，南北岩展翅而前，两腋细流，涓涓不绝。城东苍龙山突起，文昌阁峙其巅，与兹山正相拱。北来诸水，入怀黄河，一带溪流，亦西奔到宫，水聚而南，州城塞其口，洵胜区也。遂于中斥地作庵焉"。

小西天依山势而建，坐西朝东，分为三个院落：上院大雄宝殿建筑群、下院无量殿建筑群、前院摩云阁建筑群。

下院是寺院的主体，为一座四方形院落，院内主要建筑是无量殿。无量殿坐西朝东，面宽五间，殿内供奉有无量寿佛，故而得名无量殿。又因整座殿宇无一根梁柱支撑，故又名无梁殿。殿内还有清光绪二十六年（1900年）木碑1通。无梁殿是整座寺院的法堂，也是僧众讲经说法、聚会的场所，殿中有木雕楼阁和数十尊铜铸佛像。无梁殿东北方是半云轩，现已辟为藏经舍，内藏有明永乐大藏经一部；东南方为接待室；正东前面为韦驮殿，内奉韦驮像，由一整块楠木雕刻而成，后面为方丈室。僧舍两侧有两道门，分别称为"疑无路"、"别有天"，由此门可通往前院。

上院是寺院的精华所在，院内主要建筑是大雄宝殿，著名的明清悬塑就保存在该殿内。大雄宝殿建成于明崇祯十七年（1644年），是寺院内面积最大的一座殿宇，坐西朝东，面宽五间，单檐悬山顶，彩色琉璃脊，平面共用木柱36根。大雄宝殿建于无量殿殿尾的土崖上，利用无量殿的顶部作为宽大的月台。大雄宝殿左右两侧有配殿，分别为文殊殿和普贤殿，均面宽三间，单檐悬山顶，文殊殿坐北朝南，是连接上下两院的必经之路。普贤殿坐南朝北，与文殊殿相对。

大雄宝殿内的明清彩色悬塑华丽精美，是小西天的精华所在，是明清中国佛塑的杰出代表，是我国明末清初的重要历史文化遗产。悬塑位于大雄宝殿的正面，从南向北依次以药师佛、阿弥陀佛、释迦牟尼佛、毗卢遮那佛、弥勒佛，五尊主佛为中心，代表佛的五个世界，每尊主佛的两侧分别为胁侍菩萨。五尊主佛威严端坐，双目微闭，正在讲经说法。两侧胁侍，立于莲台之上，身着拖地长裙，温婉柔美。塑像中人物形象丰满，表情生动，衣物线条流畅，人物与手中器物，大都前倾。殿内南北山墙前立有十大弟子像，后面的木门槛上雕有六小沙弥像。北面山墙上部，以彩绘与悬塑结合的形式，表现"六欲之天"的场景。六欲之天是佛教三界九地中级别最低的，也是最接近众生的一界。南面山墙上部，以彩绘与悬塑结合的形式，表现西方极乐世界"琉璃胜境"的美景，场面宏大，以西方三圣为中心，左观音、中为弥勒佛、右大势至菩萨，均袒胸露乳，手托莲台，向远方凝视。三圣两侧，为明王和四大天王像。三圣下方，为祥云、鲜花。三圣上方，为乐伎、七宝阁。西方极乐世界是

各种极乐世界中影响最广的、信徒最多的。大殿内还塑有各种天宫乐伎、弟子乐伎、飞天乐伎等。大雄宝殿的南北两梢间，塑有十大明王像。

前院摩云阁建筑群包括地藏殿、观音阁、钟鼓楼、摩云阁、奎星阁等建筑。底层建筑为地藏殿，坐西朝东，单孔窑洞式建筑，内有汉白玉雕刻地藏像。地藏殿两侧各有窑洞一孔，窑洞两侧为砖砌台阶。沿台阶上行，可见钟鼓楼叠建在下院僧舍的顶部、月台的南北两侧。钟鼓楼呈长方形，木结构，钟楼卷棚顶，内悬挂有清顺治十五年（1658年）铸大铁钟一口。月台东面为孤न峰，峰顶建有摩云阁，清雍正初年建，是全寺最高点，砖木结构，悬山顶，阁内祀观音菩萨，外祀奎光文星

从东侧鸟瞰小西天建筑群（全国重点文物保护单位）

从南面鸟瞰小西天建筑群

入口

小西天南侧

下院及其观音阁

无量殿正脊装饰

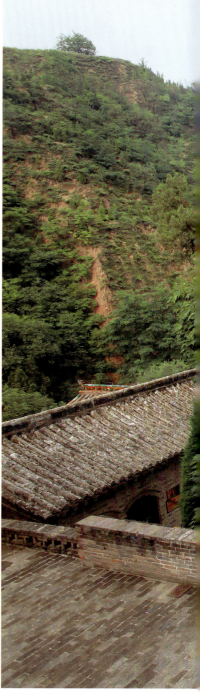

无量殿及其大雄宝殿

蒲县 柏山东岳庙 风景名胜区

柏山位县城东两公里半，山上苍松翠柏郁郁葱葱，方圆数里。柏山，又称东神山，其地势东南部高，西北部低，自东南向西北蜿蜒陡缓降低。

柏山山林为白皮松、柏树混交林，以天然次生林为主，间有人工造林。柏山山林在唐宋时期已具规模。清康熙三十四年（1695年）《禁伐山林碑》记载："环山皆松柏，自创建东岳庙已具规模，苍然天成"。乾隆十八年版《蒲县志·卷一》载："环山皆松柏，枝森根蟠，周围十余里从不长荆棘，亦无他木之杂其中"。乾隆五十七年（1792年）碑志载："蒲之东山龙脉左旋，群峰拱峙，二水环绕，周匝十余里松柏丛生，更无他木以杂之，不待栽培，而苍翠自如"。柏山白皮松树干别具一格，或卧或伸，神态各异，造型奇特。

东岳庙位于蒲县县城柏山中峰之巅，南有周家垣接连展布，东北有龙头岭隔河对峙，西北有摩天岭临河接踵，西有凤凰山依水拱围。

柏山中峰山顶有东岳庙。因其山上柏树繁茂，四季郁郁葱葱，故而俗称"柏山庙"。其选址也非常好。乾隆十八年版《蒲县志·卷一》）载："龙脉左旋，群峰拱峙，二水环绕，松柏环山"。

蒲县东岳庙创建于唐。清光绪六年（1880年）《蒲县志》说："庙祀相传已久，莫考其始，自唐贞观年间以来屡加修建"。元大德七年（1303年）殁于地震。元延祐五年至至正二十年（1318~1360年）重建，元代重建后的东岳庙规模宏大，焕然一新。明清两代，东岳庙曾多次修建，终成现今规模。

蒲县东岳庙依山而建，规模宏大，占地面积9800平方米，建筑面积7000平方米，共有殿亭、宫亭、祠阁、窑楼280余间，由山门、凌霄殿、乐楼、献亭、东岳行宫大殿、地狱府等60余座建筑组成。行宫大殿为全庙核心建筑，其他建筑相辅互衬，自成一体。

山门前有"长虹磴道"（因磴道长百米有余，势若长虹，故得名）。道两侧有土地祠、将军祠。两祠规模不大，列于磴道两侧。由此拾级而上，可见"御马厅"，题匾"连云"。御马厅东侧为华池庙。沿磴道再北上为东岳庙山门。

山门上建有楼阁一间，重建于康熙四十二年。门洞上书"岱岭横云"，为清乾隆年间县令谷希贤所题。二道山门上建凌霄殿，重修于清康熙年间。凌霄殿东西两侧分别建一间小阁，西为"染香斋"，东为"会文斋"。二道山门东侧有白衣庵，西侧有云峰寺。二道山门以北为三道山门。这道山门上建有戏台，雕刻精致。戏台前有两棵唐代古楸。据考证，该树为唐贞观年间重建东岳庙时所栽植，至今1300多年。

东岳庙戏台前庭院两侧建有两层看楼，屋顶为卷棚式，东边第八间和西边第九间处各有一小门洞可供出入，分别名"东华门"和"西华门"。戏台以北为看厅，看厅原名"议亭"，为庙会主持商议事务的场所。看厅以北经"金水桥"，即到献亭。献亭是祭祀东岳大帝的地方，始建于金泰和六年（1206年），献厅面宽和进深均为一间，单檐歇山顶。四角为四根盘龙石柱，形状各异，其中前面两根为元代所雕，后两根为明代所雕。亭内还有金泰和八年（1208年）柱础。

东岳行宫大殿为东岳庙主体建筑，建于元延祐五年（1318年），面宽进深各五间，重檐歇山顶，门额悬有"东岳齐天"匾额一块，殿内供奉东岳大帝坐像。石柱上刻有元至元二十一年（1361年）县尹邢同叔亭所作《木兰花漫》词五首，五百余字，书法俊秀，可称法作。

庙后的地狱府上层为地藏祠，下层为十八层地狱，由十五孔窑洞组成，地狱由十王府组成，每府设阎王1尊，分别为秦广王、楚江王、宋帝王、仵官王、阎罗王、平等王、泰山王、都市王、卞城王、转轮王，统称"十殿阎君"。其中十八层地狱酷刑，塑有五岳大帝、十殿阎君、六曹判官等共一百四十余尊，形象逼真，是明代泥塑彩绘艺术的珍品。

柏山和东岳庙（全国重点文物保护单位）

东岳庙献殿和东岳行宫

东岳庙全景

东岳行宫内彩塑

十八层地狱塑像

十八层地狱塑像

十八层地狱塑像

地藏祠塑像

昌衍宫塑像

山门阁楼

漫山的白皮松

襄汾县
丁村—汾城古村镇
风景名胜区

丁村—汾城古村镇风景名胜区主要包括丁村古村和汾城古镇两个景区，以人文景观为主。

丁村景区。丁村位于襄汾县城南5公里处，汾河河畔。村内现存两处全国重点文物保护单位，即1961年公布的"丁村旧石器遗址"和1988年公布的"丁村明清民宅"。另有一座汉民族民俗博物馆。据清乾隆十八年《丁氏族谱》残页中写道："太邑汾东，有庄曰丁村。余家世居是庄，由来旧矣。始于何祖，昉自何朝，余固不得知也。每阅祖遗家谱，自始祖复递传至今，已十有一世矣"。由此可以看出，至少在清乾隆十八年时，在丁村的丁氏已经有11代了。根据现有的资料和民居题记，丁氏宗族始祖丁复在明代初期迁居于此。到了万历年间，丁氏生意兴隆，财力雄厚，广建房舍。

丁村平面呈方形，村内以丁字街居多，主要街道有：主街（东西向）、北门巷、南门巷（均为南北向），以"观音堂"为中心，将丁村分为北院、中院、南院、西北院四个组群。丁村的建筑类型非常丰富，有城墙、庙宇、宗祠、书院、戏台、住宅等。丁村民居规模很大，现有保存较完好的明清院落约40余座，房600间。其主要经历了三次大的营建，第一次高峰是明万历年间（1573~1620年），第二次是雍正七年到乾隆五十六年（1729~1791年），第三次是道光二十五年至咸丰三年（1845~1853年），前后历时近400年。根据脊枋题记，有明万历年间建六座、清雍正年间建三座、清嘉庆年间建两座、清道光年间建两座、清宣统年间建一座，还有10余座未有明确纪年，应建于清代。

丁村民宅以坐南朝北四合院形式为主体。明代宅院以单体四合院为主，通常由正厅、东西厢房、倒座、门楼四部分组成，宅门开于院落东南方。清代宅院多以二进院落为主，通常由影壁、倒座、前院、中厅、后院、后楼、东西厢房等组成，宅门开于院落中轴线南方，正对明间。

丁村的民居装饰非常讲究，其中明代建筑多装饰以彩绘，以灰白蓝黄为基本色调，线条流畅，内容丰富，图案多为花卉鸟兽、海马流云、吴牛喘月等。清代建筑多以砖木石铁等装饰，以木雕最为普遍。丁氏民宅木雕广泛分布于额枋、雀替、斗栱、窗户、门框、栏板、挂落等处，雕刻精美，题材广泛。

汾城景区。位于襄汾县城西南18公里，吕梁山脉姑射山东麓，是中国历史文化名镇。

汾城镇历史悠久，是由古太平县发展演变而来的。太平县城创建于唐贞观七年（633年）。据光绪八年（1882年）《太平县志》载："县城，其始唐鄂公敬德堡也。贞观七年，徙县于此"。这里所说的"唐鄂公"是指唐初大将尉迟敬德，跟随唐太宗征伐有功，封鄂公。古太平县曾经是尉迟敬德的食邑，建有"敬德堡"。民国初年，为避免全国县名重复，故将太平县改为汾城县，至1954年与襄陵县合并为现襄汾县，汾城县改为汾城镇。

现存的古城墙为夯筑土墙，明崇祯四年曾大规模修建，此后屡有修补，未改原貌。古城堡呈龟状，人称"龟城"。东西宽332米，南北长655米，以鼓楼为中心四向布局。城西布置有文庙、学宫、试院、学前塔；西北布置了城隍庙、魏侯祠、娲皇庙、观音堂、仓

储等；城东布置县署各司衙门、关帝庙、刑狱等设施。城内共有大小街巷17条，主要街道两侧，民宅栉比，店铺林立，商业繁荣。现存西城最好，东城存200米，北城有部分残缺。

镇区内现保留10余处古建筑群，其中有文庙、城隍庙、县署大堂、鼓楼、社稷庙、洪济桥、阁等，建筑面积达5000多平方米、占地4万多平方米。城隍庙建于明洪武二年，现存正门、戏台、献亭、正殿、鼓楼、西庑等建筑。鼓楼重建于清康熙四十七年（1708年），十字歇山重檐，高约15米。县署大堂现存大堂和大狱，康熙十五年重建。洪济桥为单卷单孔拱桥，泄洪之用，为清代建筑。社稷庙分别在明清两代分别重修，现存钟鼓楼、享亭和大殿。街巷如鼓楼街、学宫街、县衙街、草坡街等仍保留明清时的布局。

丁村宅院外观

丁村第2院

丁村宅院

襄汾县丁村
—汾城古村镇风景名胜区

丁村宅院

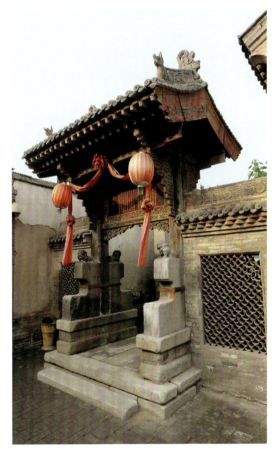

丁村牌坊

丁村门扇

汾城镇城隍庙

汾城镇城隍庙献殿

汾城镇县衙大堂

汾城镇文庙

五老峰－鹳雀楼风景名胜区位于永济市东南20公里处的中条山巅，面积307平方公里，属山岳型风景名胜区。五老峰景区自然景观独特，以险峰、飞瀑、云海、日出、松涛、晚霞等最为著名，以"陡峭险秀"而闻名。此外，五老峰还有深厚的人文内涵，历史文物古迹众多，为道教名山，为我国北方道教全真教的发祥地，《道书》称"道家天下第五十二福地"。1994年，被国务院公布为第三批全国重点风景名胜区。

五老峰景区。 景区内共有11个小景区、36峰、108峦、12仙洞、9处名泉、64处寺院庵观、自然风光24景。五老峰共有5大主峰：玉柱峰、太乙峰、东锦屏峰、西锦屏峰、棋盘山峰，因五峰分列东西南北中五个方位，势如"因伛偻僂塞"五位老者，故名五老峰。主峰玉柱峰，为中峰，势如"因"，海拔1869.03米，被誉为"天下奇峰之一"。太乙峰为北峰，势如"伛"，峰上建有五老祠，为五老峰风景区的主体宫殿，内有五老殿、三清殿、玉皇殿。棋盘山峰为西峰，势如"偃"。东锦屏峰，为五老峰右侧诸峰，势如"偻"。西锦屏峰，为五老峰左侧诸峰，势如"塞"。

普救寺景区。 位于永济市蒲州古城东3公里处的峨嵋塬头上，原名西永清院，是一座佛教寺院。普救寺是我国古典文学名著《西厢记》故事的发生地，张生与崔莺莺动人的爱情故事，令普救寺名扬天下。普救寺始建年代不详，但据初唐释道宣撰写的《蒲州普救寺释道积传》记载："先是沙门宝澄，隋初于普救寺创营大像百尺"，可知，普救寺最晚于隋代已经建成。惜原建筑于明

嘉靖三十四年（1555年）毁于地震，明嘉靖四十一年（1562年）重建，但民国9年（1920年）大部分又毁于大火，仅存一座砖塔及三孔三大士洞。寺内现存建筑大多为1986年在原址仿古重建。惟莺莺塔为明代遗构。莺莺塔原名释迦佛舍利塔，因西厢记故事而更名，平面方形，为13层砖塔，高36.76米，攒尖顶，九层以上为实心，被称为中国四大回音建筑。

鹳雀楼景区。 位于永济市城西8公里处的蒲州古城西郊的黄河岸边，是我国古代四大名楼之一。据清光绪《永济县志》记载："鹳雀楼在城西南黄河高阜处，时有鹳雀栖其上，遂名"。鹳雀楼始建于北周（557～580年），元代被毁。唐代诗人王之涣有诗《登鹳雀楼》："白日依山尽，黄河入海流。欲穷千里目，更上一层楼"，这首脍炙人口的诗更是使鹳雀楼名扬天下。鹳雀楼现存建筑为1998年重建。

铁牛景区。 位于永济市城西10公里处的蒲州古城西郊黄河两岸，铸于唐开元十二年（724年），原共铸有8头铁牛，东西各4只，用于拴连桥索，固定浮桥，故又称镇河铁牛。后久置不用，渐沉于黄河淤泥中。1989年，黄河东岸的4头铁牛全部挖掘而出，4牛大小基本相同，但形态各异，每尊铁牛旁各有一位牵牛铁人，共有4人。铁牛双目圆瞪，面朝西，尾朝东，分南北两排俯卧于黄河岸边，每头铁牛重约30多吨。

蒲州古城景区。 位于永济市蒲州镇西厢村。据清光绪《山西通志》记载，蒲州古城，历史上称蒲坂，始建于西汉，唐时为河中府所在地，明洪武四年（1371年）重筑，用砖筑堞，有东西南

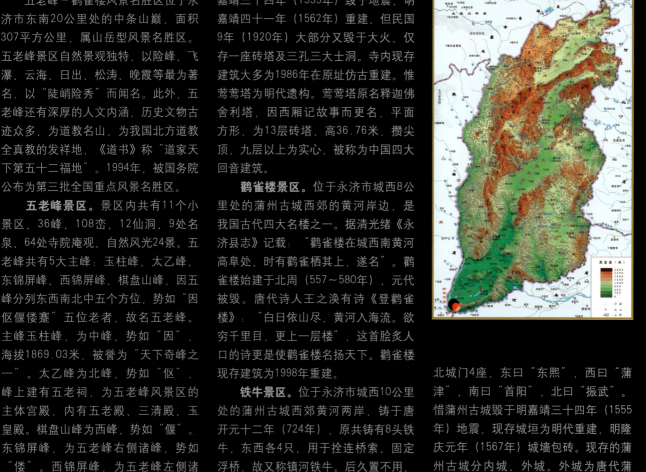

北城门4座，东曰"东熙"，西曰"蒲津"，南曰"首阳"，北曰"振武"。惜蒲州古城毁于明嘉靖三十四年（1555年）地震，现存城垣为明代重建，明隆庆元年（1567年）城墙包砖。现存的蒲州古城分内城、外城。外城为唐代蒲州城，周长5700米。内城为明代蒲州城，长方形，东西长3000米，南北宽2000米。城墙高约12米，西、北墙保存较好，4座城门保存较好。蒲州古城在唐代时曾是全国的政治文化中心之一，商业亦十分繁荣，人口众多，一派繁华景象。据《蒲州府志》记载，当时城内7万余户，人口近50万。蒲州古城西门外为蒲津渡遗址，这里历来为关中与河东间的重要通道，地理位置十分重要。

五老峰景区 五老祠和玉柱峰

五老峰景区玉柱峰

永济市五老峰—鹳雀楼风景名胜区

五老峰景区山脉

永济市五老峰
——鹳雀楼风景名胜区

五老峰景区老母殿及其山势

五老峰奇峰

普救寺

普救寺莺莺塔

鹳雀楼

黄河铁牛

蒲州石城遗址（全国重点文物保护单位）

运城市
关帝庙—盐池
风景名胜区

运城市关帝庙—盐池风景名胜区主要包括关帝庙景区、盐池景区、舜帝陵景区、盐池庙景区。

关帝庙景区。 位于运城市西20公里的解州镇西关，南望中条山，北背盐池，占地面积14万平方米，各种房屋200余间，规模巨大，气势恢宏，颇具王宫气派，是我国现存规模最大、保护最完整、建筑技艺最精湛的关帝庙。1988年，被国务院公布为全国重点文物保护单位。

解州关帝庙创建于隋代初年，宋代进行过扩建，明代毁于地震，清代乾隆年间重修。关帝庙规模宏伟，建筑布局可分为三部分：前部为结义园；中部是主庙，以端门、雉门、午门、崇宁殿等为主轴，两边为文经门、武纬门以及配殿；后部为寝宫，以娘娘殿、关平殿、关兴殿（惜这三殿已毁）、春秋阁为中心，刀楼、印楼左右对峙。

崇宁殿是关帝庙的主殿，富丽堂皇、气势宏伟，其中供奉着关帝塑像。因创建于宋代崇宁年间（1102～1106年）得名。环绕殿宇四周的26根巨大石柱雕有各种龙，有升龙、降龙、祥龙，形态各异，粗犷有力。大殿檐下的这方"神勇"巨匾，是乾隆皇帝钦定，"义炳乾坤"匾为康熙御笔，匾周是贴金龙雕，透雕二龙戏珠，工艺精湛，极为罕见。殿内关帝塑像身着龙袍，头戴帝冠，腰系玉带，手中拿"笏"，表明关羽生前为臣，死后封帝，集臣子帝王于一身的特殊身份。

春秋楼为三檐两层式高大建筑，也叫麟经阁，高近30米，是全庙最高建筑。楼内底层神龛内，塑的是关羽戎装全身像，表情安详，体态奇伟，儒雅沉静。二楼正中木制暖阁内，塑的是关公侧身夜读《春秋》像，在幽暗的烛光里，关羽沉思之态非常动人。刀楼、印楼分峙两翼，"文印武刀"是权力的象征。

关帝庙的"三雕"非常精致。我们经常用"雕梁画栋"、"鬼斧神工"来盛赞中国古代建筑艺术。这些用来形容关帝庙是恰如其分、当之无愧的。

盐池景区。 位于运城市南，中条山下，东西长约30公里，南北长约5公里，总面积为130平方公里，是由鸭子池、盐池、硝池等几个部分组成。运城盐池古称河东盐池，因属解州管辖，所以也称解池。盐池的形成由于造山运动和地壳变化，中条山北麓造成断裂，出现了一个狭长的凹陷地带，逐渐形成湖泊。盐池的开发约有4000年的历史，是我国最古老的盐池之一。到春秋战国时期，运城盐池就已出名。《说文解字》和《左传》中均提到"河东盐池"柳宗元在《晋问》中，曾这样形容过垦畦引水晒盐的情景："沟塍畔畹，交错轮群，若稼若圃，渔兮鳞鳞，逦弥纷属，不知其根"。宋代著名科学家沈括在《梦溪笔谈》中记载："解州盐泽，方百二十里。久雨，四山之水，悉注其中，未尝溢；大旱，未尝涸"。

舜帝陵景区。 位于运城市市区北15公里处，在蜿蜒百里的鸣条岗西端。

舜是传说中的父系氏族社会后期部落联盟领袖，以孝悌而闻名天下，死后葬于鸣条岗。根据清乾隆《解州全志》

记载，舜帝陵庙始建于唐开元二十六年（738年），后毁于元末战火中，明正德初（1506年），乡人重建。但在明嘉靖三十四年（1555年）的大地震中又遭毁坏。明万历三十一年（1603年），再次重建。在清嘉庆二十年（1815年）的大地震中又为瓦砾，仅存正殿。次年，在乡人王步洲等倡导下，重建舜帝庙。庙占地2750平方米，坐南朝北，分内外两重。外城建有享殿和舜帝陵，陵前嵌有邢其任书写的"有虞帝舜陵"石碑，旁立"有虞氏陵"石碣一块。内城四周建高大的城墙，城内中轴线建戏台、过厅、献殿、正殿，两侧有钟鼓楼。正殿面阔五间，进深五椽，殿内泥塑舜帝坐像，头戴冕旒，身着衮服，神态庄严。

关帝庙"万代瞻仰"牌坊和钟楼

关帝庙崇宁殿

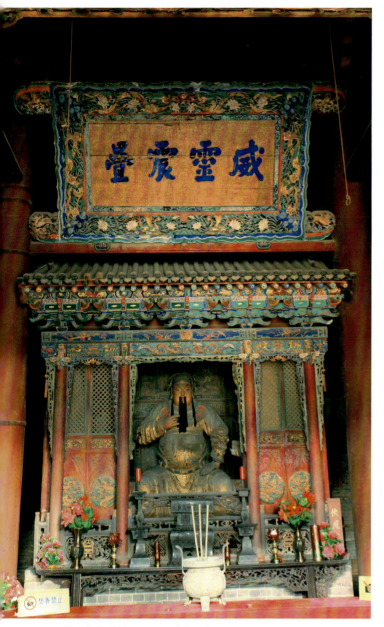

关帝庙春秋楼一层义勇武安王像

关帝庙春秋楼二层关公夜观《春秋》像

关帝庙春秋院全景

关帝庙端门前木牌坊

关帝庙御书楼

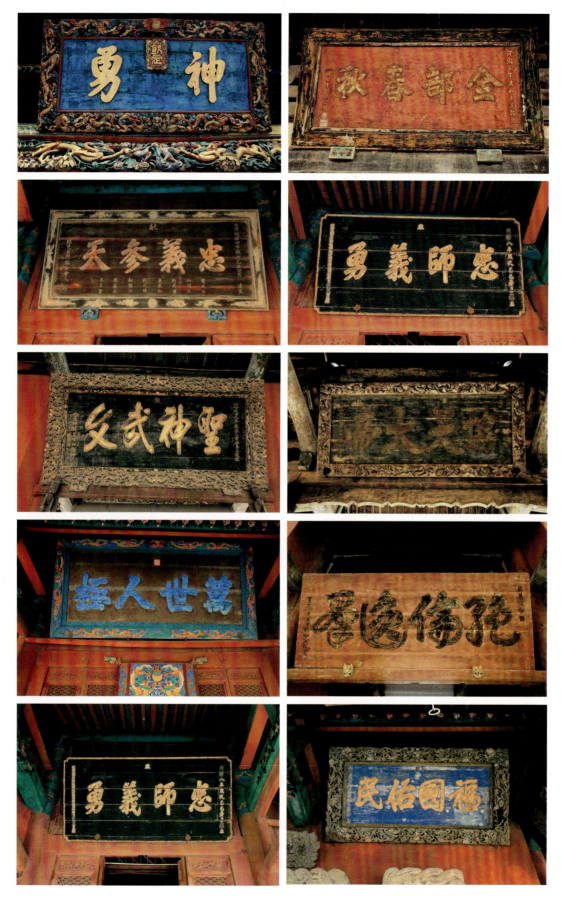

关帝庙历代匾额
(书写者有皇帝、文人、权巨等)

盐池风景

舜帝陵古树

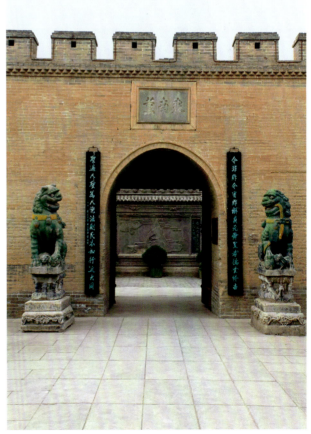
舜帝陵

稷山县 稷王庙 风景名胜区

稷王庙风景名胜区以人文景观为主，主要包括稷王庙景区、大佛寺景区、青龙寺景区、宋金墓群景区等。

稷王庙景区。 稷王庙原称后稷祠，现存建筑为元、清两时期遗构，2006年，被国务院公布为第六批全国重点文物保护单位。稷王庙坐北朝南，两进院落，占地面积4104平方米，是我国历史上规模最大的祭祀后稷的庙宇。稷王庙布局严谨，沿中轴左右结构对称，中轴线上从南到北依次有山门、献殿、后稷楼、泮池、八卦亭、姜嫄殿等，两侧有钟鼓楼。

山门为清代建筑，面宽三间，单檐悬山顶。献殿为清代建筑，面宽三间，单檐悬山琉璃彩瓦顶。献殿前檐板上，木雕精美，描绘了古时人们劳作耕种的场面。后稷楼是庙内的主体建筑，建于清代，殿内供奉着稷王和二童子像。泮池椭圆形，面积40余平方米，东西两侧各有一龙头喷水，长年不断。八卦亭面积约30平方米，卷棚顶，应为元代遗构。姜嫄殿木构架为元代遗构，具有较高的历史价值。钟鼓楼为清代建筑，楼阁式重檐十字歇山顶，木雕艺术精美，雕梁画栋，却又不失严谨。

大佛寺景区。 大佛寺又名"佛阁寺"，因寺内有一大佛而得名。寺院距稷山县城东北约1公里，地处高崖，坐北朝南，占地面积3233平方米，气势雄伟。

大佛寺始建于金皇统二年（1142），此后多次修建，但抗日战争时期毁坏严重，现仅存大殿及十殿阎君殿、十八罗汉洞。大殿始建于金代，元代时重修，殿内供奉有金代大佛，高18.97米。十殿阎君殿内有元代彩塑十殿阎君像，栩栩如生。

金元墓群景区。 位于稷山县城西四公里稷峰镇马村，据出土的"段辑预修墓记"可知，该墓葬群为金大定以前的段氏家族墓地。2001年，被公布为全国重点文物保护单位。

金元墓群占地面积约2.1万平方米，东与青龙寺相邻，共有墓葬14座，已发掘9座，结构相似，均包含墓道、墓门、墓室，均为砖室墓，青砖雕砌，墓室长方形，墓壁为砖雕仿木结构，斗栱、挑檐等装饰一应俱全，大多为四合院形式，但墓室内风格却各有不同，有窑洞式、楼阁式、宫殿式、单檐、重檐和多重檐等。墓室中间舞台上雕有戏剧人物、乐队等，无不惟妙惟肖，大鼓、腰鼓、横笛等多种乐器俱全，是研究我国古代戏曲历史的宝贵资料。该墓葬群现已辟为金墓博物馆,也是我国的旅游景点之一。

青龙寺景区。 位于稷山县城西4公里稷峰镇马村，为全国重点文物保护单位。据《稷山县志》及明代碑碣记载，青龙寺始建于唐龙朔二年（662年），于金末毁于战乱，元代重修，明清多次修葺。寺院坐北朝南，占地面积6858平方米，二进院落格局，中轴线上建有山门、天王殿、腰殿、后殿，两侧有东西厢房、伽蓝殿和护法殿等。

腰殿又称接引佛殿、立佛殿，为元代建筑，砖石台基，面宽三间，单檐悬山顶。殿内有大量元代佛、道、儒水陆壁画，东侧壁上绘有道教人物，西侧壁上部绘有三世佛，下部绘有礼佛图，南侧壁上绘有儒家始祖孔子、唐太宗李

世民、宋太祖赵匡胤、诸葛亮等历史名人画像和十大明王像，年、月、日、时四值使者像，北侧壁上绘有地狱图。画面以青绿为主色调，人物形象饱满，生动逼真。

后殿又称主佛殿、大雄宝殿，为元代建筑，砖石台基，面宽三间，单檐悬山顶。殿内壁画精美，大部分绘于元代，亦有少数为明代作品。壁画主要位于东西两侧壁上，东侧壁绘有释迦牟尼说法图，西侧壁绘有弥勒经变，色彩亦以青绿为主，场面宏大。伽蓝殿内亦有少许壁画。

青龙寺内壁画面积达186.08平方米，其中，以腰殿内的壁画最为精美，为研究我国古代宗教发展史提供了宝贵资料。

稷王庙建筑群（全国重点文物保护单位）

稷王庙

大佛寺

365 稷山县稷王庙风景名胜区

大佛寺塑像

金墓

青龙寺全景

青龙寺照壁

青龙寺壁画

芮城县永乐宫—大禹渡风景名胜区

永乐宫—大禹渡风景名胜区位于芮城县境内，主要包括永乐宫景区、圣天湖景区、大禹渡景区、寿圣寺塔景区等。

永乐宫景区。 永乐宫位于山西芮城县城北2公里，北面中条山，南临黄河，是中国现存著名的元代道教宫观，是道教全真派三大祖庭之一。宫内中轴线从南到北依次为山门、龙虎殿、三清殿、纯阳殿和重阳殿。除山门是清代建筑外，其余四座均是元代建筑。殿内有精美的壁画约1000平方米，这些壁画是我国非常珍贵的艺术遗产。1961年永乐宫被国务院公布为第一批全国重点文物保护单位。

永乐宫原建于芮城县西南的永乐镇（旧属永济）。20世纪60年代修建三门峡水库时，因永乐镇位于三门峡水库淹没区，遂按原貌搬迁于现址。永乐宫是唐代道士吕岩（字洞宾，号纯阳）故里。吕洞宾是"八仙"中传闻最多、影响最大的一位，许多地方都有祭祀他的吕祖阁。吕洞宾死后，唐人为了纪念他，就将他的故居改为祠。名为"吕公祠"。金末，祠毁于火。蒙古定宗二年（1247年），开始在原址上修建。元中统三年（1262）宫内《大朝重建纯阳万寿宫之碑》中记载了修建的相关情况。由于工程浩大，前后经历一个多世纪，到元至正十八年（1358年），才基本竣工。永乐宫现存主体为元代建筑。

永乐宫的壁画艺术极其珍贵，是我们研究艺术科学和历史科学的宝贵资料。龙虎殿内壁画在两梢间，内容为神荼、神将、神吏、城隍、土地等神祇，人物造型高大雄昂、威风凛凛，虽有残损，但别具风致；无极殿内四壁满绘壁画，统称《朝元图》，描绘的是群仙朝谒元始天尊的情景，面积约403平方米，画面壮丽，价值极高，堪称中国壁画史的明珠。纯阳殿门的两侧墙上绘有两幅反映道士日常生活及举行宗教仪式的壁画，上角有作者题记："禽昌朱好古门人张遵礼十八人"，此画完成于元至正十八年（1358年），比三清殿晚30余年，全殿壁画通过52幅连环画，把吕洞宾的一生巧妙地穿插组织在一起，内容包罗万象，有酒楼、茶肆、山野、村舍、舟船、宫廷、厨房、医馆等。重阳殿的壁画主要反映王重阳和他的7个弟子的传教活动，内容也非常丰富，有宫观、市井、官府、民宅、茶肆、酒店等。画中人物三教九流，鬼神幽明，杂处其间，壁画无作者题记，在东壁石碑上有明洪武元年（1368年）字样，可见绘制时间相对较晚。永乐宫的壁画画技高，画幅大，保存好，是古代绘画精品。

圣天湖景区。 圣天湖位于芮城县城东南25公里处的陌南镇黄河边上，东、南两面为黄河，西、北两面为黄土高坡，南面隔黄河为古函谷关，总面积8000公顷，湿地面积5000公顷，湖光山色，风景秀丽。2001年，圣天湖被山西省人民政府公布为省级生态保护区；2001年，圣天湖被林业部公布为黄河湿地自然保护区。湿地内有2000余亩红莲和白莲，鱼类50余种，还有各种鸟类约230余种，如天鹅、鸬鹚、黑鹳、灰鹤、鸳鸯等，其中，为国家一级保护的珍稀鸟类有20余种。圣天湖还是一处红色革命旅游圣地。在抗日战争期间，两万将士曾在此御敌，惜兵败，血洒热土；马头崖上，800壮士誓死不屈，集体投河，壮烈牺牲。

大禹渡景区。 位于芮城县神柏峪，距芮城县城东南12公里，是大禹治水的重要遗址。大禹渡崖头有千年古柏。《芮城县志》中记载道："古柏亦千万年神物也，仗汝撑住三晋表里固山河"。古柏高14.6米，是大禹渡的标志，相传大禹治水时曾在此树下拴马、乘凉。大禹渡环境优美，集电灌站、风景名胜于一体。大禹渡电灌站于1979年对外开放，因移动式抽水泵车、自动沉沙池、一次扬程高度三项关键技术而于当时闻名全国。此外，境内还有大禹像、望岳亭、风动亭、函谷关、茅津古渡、三门峡、定河神母、群英浮雕、禹王锁蛟等自然景观和人文景观。

另外，芮城县城有创建于北宋天圣年间（1023～1032年）的寿圣寺塔。该塔为八角十三层阁楼式砖塔，砖砌塔基，塔身一层南面辟圆形拱门。一层塔壁残存宋代壁画，约8平方米。

永乐宫三清殿

永乐宫三清殿《朝元图》西壁局部

石牌坊

永乐宫三清殿《朝元图》东壁北端

永乐宫三清殿《朝元图》北壁东段

永乐宫三清殿《朝元图》东壁中段

圣天湖

圣天湖

圣天湖

圣天湖白天鹅群

圣寿寺塔

375 | 芮城县永乐宫
—大禹渡风景名胜区

大禹渡

大禹渡

芮城县 百梯山 风景名胜区

百梯山风景名胜区位于芮城县大王镇北部10公里处,核心区域约13平方公里。百梯山主峰海拔1993.8米,是中条山的最高峰。百梯山之名最早见于北魏郦道元《水经注·涑水注》,其中提道:"于东侧连木乃徙,百梯方降,岩侧縻锁之迹,仍今存焉,故亦曰百梯山也"。百梯山又名方山,源于其远看如方印(玉玺),故得名。百梯山毗邻雪花山、九龙山、五老峰等。这里群峰林立,层峦叠嶂,林海苍翠,泉水潺潺。站立山巅,三省五县尽收眼底,是观日出、望黄河的绝佳观景点。

百梯山在其不同的海拔,分布草甸、松、阔叶林、高山矮灌木等不同的植物。百梯山四季有不同的景色,春山如画,风和日丽,草木青青,芬芳馥郁,鸟语花香;夏山如滴,幽静惬意,满目青翠;秋山如醉,层林尽染,枫红迷人,果黄诱涎;冬山如玉,大雪纷飞,银装素裹,松骨傲雪,晶莹碧透。主要景点如下:

跑马训。位于百梯山绝壁半腰之际,海拔1880米,长1300米,为天然形成的古栈道,因宋太祖赵匡胤曾在此遛马而著名。相传古代跑马训边侧有栏杆。栈道中间有明代石屋,旁有清泉。

八卦图厅。在跑马训南侧的东西两端岩壁上,各有一石洞,洞顶部有八卦图样,两洞遥对上下拼叠似一"吕"字,是道教师祖吕洞宾参禅悟道之地。

延祚寺遗址。位于百梯山主峰东半部,占地面积约350平方米。据碑文记载,寺始建于唐咸通四年,原名为"云峰寺",明弘治五年时已更名为"延祚寺"。乾隆《蒲州府志》记延祚寺:为"宋太祖微时常于此山及方山避难百日,太平兴国二年(977年)敕修二寺。明嘉靖乙卯,寺为地震所倾,万历二十五年修复焉。山阴王朱俊栅为记。"

宋王坪。为亚高山草甸,是当年宋太祖兵困河东时屯兵之地,位于百梯山东南侧,海拔1700多米。这里平坦开阔,遍布松柏、杨树、山楂。其北端有宋太祖的饮马潭(即小天池),东南侧有宋王点将台。

饮马潭。位于宋王坪北端,传说赵匡胤在此屯兵时在此饮马。

跑马汕

山脉秋景

山脉绵延

饮马潭(景区提供)

雾中百梯山

绛县 东华山 风景名胜区

东华山位于绛县县城东南约7.5公里。相传，此山乃神话"宝莲灯"中小沉香"劈山救母"时，巨斧砍下，山峰裂开，一半留在陕西华阴县，即西岳"华山"，另一半飞到绛县，成为东华山。东华山又名太阴山，因其北部阳光常年照射不到而得名。东华山属于中条山系，主峰海拔1664.8米，地势呈南高北低之势，奇峰九座，神态各异，山势巍峨，有代表性的景点有老君石、桃花洞、白云洞、莲花峰、震天桥等。山内植被较好，植物资源丰富，其中，乔木主要有油松、白皮松、华山松、侧柏等。距北峰2.5公里处有深度莫测的石洞，洞外常常有白云缭绕，故名白云洞，清代被誉为绛县十景之一。

华山庙位于绛县卫庄镇张上村北面，地处东华山之顶，始建年代不详。华山庙依山而建，高低错落，占地面积1530平方米，坐南向北，中轴线上依次建有前殿、中殿、玉皇殿，两侧有天王殿、娘娘殿、石塔。石塔形似堡垒，平面圆形，石头砌筑，收分明显。前殿、中殿面阔三间，均为砖石拱券窑洞结构。庙内主体建筑多为明代遗构，清代多次修葺。庙墙由石块堆砌而成，形似城堡。每年农历三月初十至二十的庙会更是游人如织，各路香客络绎不绝。

太阴寺位于东华山北麓脚下。因有卧佛，因此该寺也被称为卧佛寺。根据碑文记载，创建于北魏时期，后于北周天和三年（568年）、唐永徽元年（650年）、金大定十年（1170年）及元、明、清多朝修葺。寺院坐南朝北，前后两进院落，中轴线上有山门、过殿、大雄宝殿。其中大雄宝殿为金代遗构，过殿为清代建筑，山门为现代建筑。大雄宝殿面宽五间，进深三间，单檐悬山顶。殿内有木制佛龛，龛下有独木金身释迦牟尼佛涅槃卧像一尊。卧佛像长3.5米，宽1.5米。卧佛身披袈裟，裸足袒胸，枕右手侧身而卧，安然舒坦。佛龛和卧佛均为为金代原作，甚为珍贵。佛龛上部置三尊木雕菩萨像。佛龛外两侧有泥塑三尊。佛龛内有明天启三年（1623年）所绘壁画，为众弟子悲恸哭泣图。佛龛外有金代壁画。

东华山"太阴寺崖"上有"佛顶尊胜陀罗经"，文中有"佛顶尊胜陀罗经者婆罗门僧佛陀波利仪凤元年（唐高宗年号，即公元676年）从西国来到此上五台山"等字样，并记载了"佛顶尊胜陀罗仁经"的来源及与五台山有关的内容等。 经文共约2000字，为正楷体，大部分字完好无损。经文后刻有"大晋天福三年"（938年）的字样，应为当时太阴寺僧人所刻。

另外，绛县县城东北部约25公里的南樊镇南樊村西部，有一座石牌坊甚为精致。该石牌坊和旁侧的石碑均建于清嘉庆八年（1803年）。石牌坊高12米，宽6米，青石结构，造型优美，坐

北向南，六柱五门，三重檐庑殿顶。中间主门上方石匾上刻有"诰封中宪大夫贾凝瑞之继妻李恭人节孝坊"和"嘉庆八年"几个大字。可知，该石牌坊是嘉庆皇帝为中宪大夫贾凝瑞的妻子李恭人敕建的节孝坊。牌坊上浮雕有《二十四孝图》，生动逼真，下面有圆雕石狮门墩，威武雄壮。石碑亭坐东向西，单檐歇山顶，面宽三间，进深一间，内有石碑15通，碑上均刻有对李恭人的歌颂赞誉之词。

东华山俯瞰

南樊石牌坊

华山庙

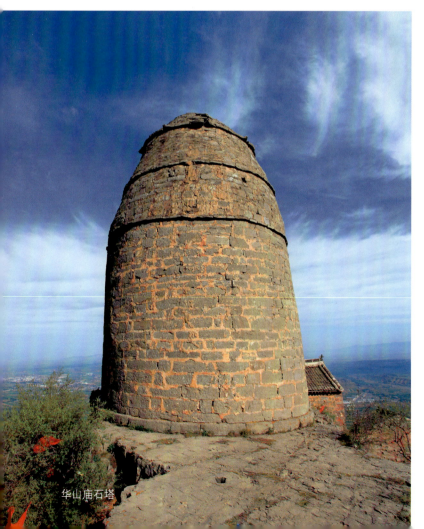

华山庙石塔

华山庙山门上书"白云宫"

太阴寺大雄宝殿（全国重点文物保护单位）

太阴寺大雄宝殿卧佛（金代）

万荣县孤峰山风景名胜区

孤峰山风景名胜区位于万荣县中南部，县城南8公里处，北有吕梁山，西临黄河，南有中条山，东临稷峰山，山体面积24平方公里，加上周围丘陵坡地，共约100平方公里，最高海拔1411.2米。孤峰山因拔地而起，孤傲不群而得名。孤峰山风景名胜区主要包括孤峰山景区、后土庙景区、东岳庙景区。

孤峰山景区。 孤峰山历史悠久。《汉书·扬雄传》载，早在西汉永始四年（公元前13年），汉成帝带领群臣在祭祀汾阴后土祠时，曾来孤峰山游览。东汉时期，祭祀活动更为频繁。金元明清时期，道教活动兴盛。景区内动植物资源丰富，植物覆盖率达高89%，主要植物多达60科250余种，主要动物有60余科200余种。孤峰山景色优美。历史上的"双泉流碧"、"唐寨秋风"、"柏林晚照"、"桃洞春情"、"雕岩齐雪"、"法云远眺"、"范台月夜"等万泉八景尽藏其中。四季景色各有千秋，春季山花烂漫，夏季浓荫蔽日，秋季层林飞染，冬季银装素裹。

后土庙景区。 后土庙位于万荣县西南宝井乡庙前村土垣上，距县城40公里，是我国历史上著名的"汾阴睢地"。1996年，后土庙与庙内的秋风楼被公布为全国重点文物保护单位。西汉后元元年（公元前163年）立汾阴庙，汉武帝立后土于睢上，即为后土庙的雏形。此后多次重修，清同治九年（1870年）庙被水淹没，于今址重建。万荣县后土庙是全国现存的后土祠庙中历史最悠久、规模最大的一座，又被称为祖庙。后土庙占地25268平方米，庙内现存建筑有山门、并排戏台、献殿、正殿、宋真宗碑廊、秋风楼、东西五虎殿等。秋风楼为后土庙内最为高大雄伟的建筑，高32.6米，十字歇山顶，面宽五间、进深五间，现存形制为明代所建，因每层内均藏有汉武帝《秋风辞》而得名。三层正面悬有"秋风楼"三字匾额一块，南面为正门，门上有一块石图案，左半部分为"宋真宗祈嗣"，右半部分为"汉武帝得鼎"。祠四周有围廊，下面两层东南西北四面各凸出龟座一间，覆瓦顶。楼上三层内置汉武帝《秋风辞》元碑。楼下为宽大的台基，南北穿通。根据《汉书》《后汉书》、《新唐书》《宋史》等的记载，汉、唐、宋先后有8位皇帝18次到后土庙。宋真宗在大中祥符三年（1010年），对后土庙进行大规模修葺，并在第二年亲自来后土祠祭祀，这是最后一次帝王祭祀活动。

东岳庙景区。 东岳庙位于万荣县城，是祭祀东岳大帝的庙宇。1988年，万荣东岳庙被国务院公布为全国重点文物保护单位。该庙始建年代不详。据庙内乾隆年间《重修飞云楼碑记》载："万邑治之北十五里许有镇解店，镇之东隅，古有东岳神庙，不知创始何年，载入邑志，自唐贞观年间分邑置郡名为汾阴，即有此庙。"可见最迟唐贞观时就有此庙。后庙毁，现存庙宇为元代重建，经明、清时多次重修，始成今日规模。东岳庙坐北向南，面积约1万余平方米。中轴线上，依次建有飞云楼、午门、献殿、香亭、正殿和阎王殿，两侧为厢房。其中飞云楼规模最大，最有价值。飞云楼建于明正德年间（1506～1521年），平面呈方形，面宽五间，进深五间，面积570多平方米，明三暗五，高23.19米，十字歇山顶。内檐设四根粗大的永定柱，从底层直达三层梁下，构成三层一体的整体构架，四面又用梁枋连接，形成井筒式结构，非常合理。全楼共有斗栱345组，斗栱密布。各檐上翼角起翘，清风徐来，风铎作响，清脆悦耳。楼顶覆各色琉璃瓦，显得华美壮观。总之，飞云楼结构合理，屋顶丰富，造型优美，气势恢宏，华丽壮观，堪称我国楼阁式建筑之杰作。当地流传着一句顺口溜："万荣有座飞云楼，半截插在云里头"，形容飞云楼的雄伟高大。

孤峰山旱泉塔

孤峰山日落

孤峰山及其庙宇

孤峰山西天门

孤峰山植被

后土庙秋风楼(全国重点文物保护单位)

后土庙木雕

文庙（全国重点文物保护单位）

东岳庙飞云楼（全国重点文物保护单位）

东岳庙献殿和正殿

稷王庙正殿（全国重点文物保护单位）

东岳庙献殿屋脊

稷王庙正殿正脊

历山风景名胜区

历山位于山西省南部的中条山东部,地处临汾市翼城县、运城市垣曲县和晋城市阳城县、沁水县4个县的交界处,总面积24800公顷,核心区域面积7350公顷。

历山风景区有丰富的自然景观和人文景观。景区内风景秀丽,高山流水,鸟语花香,林荫蔽日,气候温和,雨量充沛,动植物资源丰富。植物种类繁多,达千种以上,树种以阔叶林栎类为主,有青冈、蒙古栎、漆树等。此外,还有很多亚热带的树种,如南方红豆杉、连香树等,还有很多珍贵的中草药材和食用菌类。历山的动物资源亦十分丰富,景区内有很多国家重点保护的野生动物,如黑鹳、金钱豹、猕猴、鸳鸯等。历山的核心保护区内,还有一片原始森林,这也是华北地区最大的原始森林,具有重要的科学研究价值,更为景区增添了几分神秘的色彩。

历山风景名胜区以陡峭的中高山和平缓的低山丘陵为主,境内河流有大河、马家河等,均汇入黄河。风景区内现已开发的景点主要有:舜王坪、东峡、西峡、七十二混沟原始森林、白云洞、啸天洞溶洞群、下川古文化遗址、山寨岩森林植被等八处景点。

舜王坪。是中条山的主峰,海拔2358米,也是山西南部最高的山峰,因舜耕历山于此而得名。舜王坪的顶部为天然牧场,绿草如茵,山顶有舜耕历山遗迹、南天门等景点。南天门为舜王坪的最高峰,登临此处,可览日出胜景。清版《县志》中有记载:"古帝躬耕处,千秋迹已迷。举头高山近,极目乱峰低。花开间幽径,泉水过远溪。黄河遥入望,天际一红霓。"

西峡。全长5000米,距下川村1公里。两侧石壁林立,悬崖万丈,谷底水流清澈见底,最窄处仅有一尺许,抬头仰望,蓝天一线,可谓一夫当关,万夫莫开。峡谷内有八卦阵、滴水廊、关公劈山、风雨阁等景点。

东峡。位于西峡的东面,全长5000米,谷中地形复杂,奇石遍地,流水淙淙,击打着石块,激起阵阵浪花,晶莹剔透。两侧山峰高耸入云,各具形态,有惊心石、神女峰、人面狮身、莲花坎等。

白云洞和啸天洞溶洞群。为由白云洞、啸天洞、黑龙洞、丹阳洞、王国光洞等36个溶洞组成的溶洞建筑群。白云洞位于半山腰上,最高处27米,洞深千米,蜿蜒曲折,洞内千奇百怪的钟乳石晶莹剔透、五彩斑斓,令人目不暇接。其中较为有名的是:"神龟探海"、"童子迎宾"、"高峡飞瀑"、"童子送客"等。

下川遗址。位于垣曲、沁水、阳城3县交界处纵横20~30公里的范围内,以下川盆地保存较好、遗存最为丰富。下川盆地位于沁水县下川乡历山东

麓,海拔1500米。下川遗址是一处旧石器时代晚期文化遗址,以细石器为主要特征。

山寨岩。有中国最大的暴马丁香树,还有官至明万历吏部尚书的王国光避难处及墨宝。

原始森林。面积达6666.67公顷,核心区域是七十二混沟,植物种类多,有珍稀树种数十种。还有国家一、二级保护动物。

舜王坪景区春色

舜王坪景区山顶

舜王坪景区春色和巨石

舜王坪景区山景

舜王坪突兀的山峰

舜王坪景区石景和小路

三潭瀑景区瀑布

方山县 北武当山 风景名胜区

北武当山，又名真武山，古称龙王山，位于方山县县城西北40公里处的吕梁山脉中段。北武当山风景名胜区由72峰、36崖、24洞组成，总面积约80平方公里，最高峰香炉峰，海拔2254米。景区四面临谷，中部群峰屹立，自然风光雄奇险秀。作为我国北方道教圣地之一，北武当山人文历史遗迹丰富，现存的道观中有古建筑20余处，其主要建筑有：玄天大殿、万神庙、灵官庙、观音庙、二龙庙、南天门、太和宫、山神土地庙、乔松室、三官庙、火神庙、龙王庙和黑虎庙等。其中明代建筑3处、明代石碑10通、明代石牌楼1座，其余多为清代建筑，另外还有左国城遗址等古迹。1994年被列为国家重点风景名胜区。

石景。 北武当山主峰四周均为悬崖峭壁，设1000多级依山凿筑的石阶供人攀爬，险峻之处设铁索扶手，俯瞰全景，宛如"天梯"，异常惊险。登山沿途，奇松异石等多处石景惟妙惟肖，如古猿望日、龟蛇斗、石猪受难、九龙出洞、石象守山、天壶倾露、石羊朝圣、石龟下蛋、石虎、石蛤蟆、鲁班石、仙猪石、九仙石、飞来石等。其中龟蛇斗为甚为罕见的景观之一——"蛇石"虎视眈眈，"龟石"尾临山巅，数十吨重的巨石摇摇欲坠矗立于峭壁边缘，经风一吹微有摇动，所以又称风动石。另外，景区内石刻丰富，如山门前有"北武当山"和"三晋第一名山"石刻，南天门陡崖之上题有"乔松"二字等。

天柱峰。 海拔1850米，四周峭壁林立，只有一条"人造天梯"可登顶，因形似湖北武当山的金顶，故又称"金顶"。

金木水火土峰。 围绕天柱峰两侧排布，左右各两座，共称"金、木、水、火、土"峰，天柱峰居中，为土峰，金、木峰居于左侧，水、火峰居于右侧。五峰断壁崖面光滑如洗，又有"千尺崖"、"舍身崖"、"鹰嘴崖"等景观。

玄天大殿。 位于北武当山主峰天柱峰山巅，为北武当山正殿。大殿面阔三间，进深两间，院落占地面积约490平方米，南北长22.3米，东西宽22米。大殿始建于唐代之前，清康熙五十九年（1720年）五月四日被毁，后乾隆、雍正年间又有修葺。现存大殿为1986～1989年之间重修。

万神庙。 始建于明代，自清代以来多次修葺，现存建筑为近代改建。庙门两侧有傅山对联。

灵官庙。 始建于明代，墙壁采用花岗石方石砌筑，屋顶为硬山式，独具风格。庙内供奉护法神，亦称"玉枢火府天降"，为镇守山门之神。

观音庙。 始建于明代，内部为单曲拱顶砖窑洞，外部为硬山顶砖木结构，单檐灰瓦铺顶，进深一间，面阔一间，立于三级石阶之上。庙内原供奉太元圣母泥塑坐像，遗留有石碑一通，彩塑壁画保存完好。经过数次维修，现存建筑呈明殿暗洞的混合形式。

二龙庙（青龙、白虎庙）。 青龙、白虎庙始建于明代，重修于清代，为卷棚顶楼阁，面阔一间，进深一间，开拱形小门。庙内遗留彩绘壁画8平方米，其中正面墙壁画一龙一虎，左右墙壁绘玄武和朱雀，保存较好。庙内供奉

泥塑像两尊，左青龙，右白虎，同壁画所绘的玄武、朱雀，合为道教的四大守护神。

南天门。 亦称"三天门"，为通往山顶玄天大殿的最后一道山门。道光二十八年（1848年），金顶南天门修整一新，并于其上刻"武当山"三字，清代年间又数次修葺。南天门为四柱一门顶栏式殿罩拱门。石柱顶端雕饰有四块兽头，门洞内宽3米，深3.3米，门额斗栱之下有如意云石斗匾，上书"北武当"石刻。拱顶巨石上刻有暗八仙图案。

太和宫。 位于北武当山南麓的曹家沟村，又称真武行宫，属明代建筑，前后两进院落坐北向南，占地面积约1800平方米。一进院为山门及左右两侧钟鼓楼，东西厢房，破坏严重，现为近代重修。

武当奇峰

武当雾景（景区提供照片）

方山县 | 北武当山风景名胜区 | 399

山路和山门

武当奇峰

石阶

观音殿和古树

山峰突兀

方山县
北武当山风景名胜区

险峻的山路

仙桥阶和望柱雕刻

临县 碛口 风景名胜区

碛口风景名胜区位于临县的西南端，西濒黄河，由碛口镇、李家山、西湾村等多处古村落和碛口上下近70公里的黄河段以及冯家会、岳山坪等黄土地貌区域组成。总面积约404平方公里，其中核心区面积为230平方公里，属于综合性景区。

晋陕峡谷碛口段。 晋陕大峡谷碛口段，其河面时宽时窄，形成许多险滩和急流。峡谷两岸壁立千仞，峰岭争峙，河道曲折，浪击晋陕两岸，峡深谷幽，水势迅猛，波涛汹涌，与连绵不绝的峰峦自然结合，构成一幅壮美的画面。

麒麟滩。 位于李家山山脚下，是大同碛河床中一块约1000多亩的乱石沙滩，经过河水无数次的冲洗而形成。这里沙质细腻，滩面宽广、水流平稳，也有各种怪异的巨石。

风蚀水蚀岩雕。 距碛口44公里的岩窑上村，由河水在砂石上常年累月冲刷形成，是一自然天成的山水画廊，规模宏大，形象生动。

冯家会土柱。 位于碛口镇冯家会村东山沟，高有3～7米不等，端正笔直，由于数量较多，被也称黄土林。黄土林的顶端大都戴着一顶石帽，有单层板石的，也有多层叠垒的。

大同碛。 大同碛号称"黄河第二碛"，是一段500米长的暗礁，落差10米，水急浪高，船筏难以通行，也由于此，西北各省的大批物资源源不断地由河运而来，到碛口后，转陆路由骡马、骆驼运到太原、京、津、汉口等地，碛口遂成为黄河北干流上水运航道的中转站，并由此而得名。

碛口古镇景区。 位于湫水河和黄河的交汇处、临县西南部，因镇内有黄河第二大碛"大同碛"而得名。2005年，被公布为第二批"中国历史文化名镇"。明清时期，碛口古镇是黄河中游著名水旱码头，有"九曲黄河第一镇"和"水旱码头小都会"等美誉。昔日的碛口镇，主要街道有西市街、东市街、中市街，三条街道总长2里余，俗称五里长街。除主街外，还有13条小巷。街巷都以黄河卵石、方石等铺砌而成，店铺都是平板门，门前两侧有高圪台。碛口镇的商贸繁华造就了很多商贾巨富。一些人致富后就在镇上及周边村落大兴土木，依山势修筑窑洞，层层累进，错落有致，最多垒叠六层。镇内卧虎山上建有黑龙庙，是碛口古镇的标志建筑之一，当年商家们集资建庙，是为了祈求风调雨顺，行船平安，商贸繁荣。

西湾古村景区。 位于临县碛口镇东北2公里处，背靠眼眼山，左邻湫水河，右邻卧虎山（黑龙峁），依山傍水，避风向阳。因处于侯台镇西侧的山湾里，故称"西湾村"。西湾村于明末清初，随碛口镇水陆码头一并崛起。2003年，被国务院公布为第一批中国历史文化名村。西湾村以陈姓为主体。据《陈氏家谱》载，始祖陈师范，于明朝末年从方山县岱坡山迁至西湾。至陈氏第四代孙陈三锡一辈时陈家已富足昌盛，开始大兴土木，修宅建院，先后修建了东财主院和西财主院。后经陈氏后裔十一世共200余年的修缮与扩建，始成今日之规模。西湾村依山势而建，现存有30多院传统院落，5条南北向的竖巷，总面积约3万平方米，相互交通。村内现存最完整典型的一片民居是"东财主院"。东财主院分东西两组建筑群，每组四进院落，随山势逐渐升高。村内还建有陈氏宗祠，位于村落的南端中部。

李家山古村景区。 位于碛口镇南12里，原名陈家湾，因李氏迁入和繁荣，改名为李家山。现为中国历史文化名村。据民国年间编《李氏宗谱》载："始祖李端，明成化年间（1465～1487年），由临县上西坡村迁往临县李家山村。"李氏家族迁入李家山后，专门饲养骆驼跑旱路运输，后兼营日杂、医药、粮贸等，兢兢业业，苦心经营，逐渐家境殷实，开始营建宅院。李家山地形似"凤凰展翅"，村中的主要建筑建在"凤首"和"两翼"。山顶向南偏东和南偏西的方向分别延伸出一道山沟。两道山沟的东、西两坡上，依山建窑洞民居。李家山村大大小小有近百座院落，代表性的有"东财主院"、"后地院"、"新窑院"、"桂兰轩"等。村中道路高高低低，用条石砌棱，依山修筑，蜿蜒曲折。

西湾古村及其村前小河

水蚀浮雕

水蚀浮雕

从陕西看碛口古镇（中国历史文化名村）

西湾村（中国历史文化名村）

冯家会土林局部

碛口古镇（中国历史文化名镇）

409 | 临县碛口风景名胜区

碛口古镇小巷

碛口古镇店铺

碛口古镇街道

李家山古村（中国历史文化名村）窑洞

西湾古村陈氏宅院一角

寨则山毛泽东故居处

交城县卦山风景名胜区

卦山位于交城县城北3公里处。清康熙四十八年《交城县志》载："卦山，一名万卦山，在县西北五里，群峰峙立，断续开合，如爻象然，因以得名"。卦山最高峰为太极峰，又称"三十三天"，海拔1142.8米。卦山古柏林立，千姿百态，著名的有龙爪柏、虎头柏、黑白二仙柏、唐柏等。清代，曾有人将"黄山之松、卦山之柏、云栖之竹"列为华夏树木奇观。卦山风景名胜区的人文景源也非常丰富，以天宁寺和玄中寺为其代表。

卦山天宁寺景区。 天宁寺又称"天宁万寿禅寺"、"天宁万寿院"，是卦山古建筑群中规模最大的一组，位于卦山山腰，依山而建，坐北朝南，气势宏伟，前后共三进院落。根据碑文记载，天宁寺创建于唐贞观元年（627年），贞元二年（786年）重建，后于元泰定元年（1324年）、明永乐七年（1409年）、清代均有重修。

天宁寺现存多为明清建筑，占地面积3万平方米，中轴线上依次建有石牌坊、六十六阶台阶、山门、千佛阁、大雄宝殿、毗卢阁，两侧有钟鼓楼、厢房、耳殿等。石牌坊建于清顺治十一年（1654年）。山门面宽七间，建于清道光年间（1821～1850年），外檐匾额上有米芾题写的"第一山"三个大字，内檐左右两侧为佛教护法金刚彩塑。千佛阁建于明正德四年（1509年），位于第一进和第二进院落之间，重檐歇山顶，二层结构，第一层有"龙云虎风"券洞门，由此可直达第二进院落。第二进院落正面为大雄宝殿，是天宁寺的中心建筑，现存建筑为明代风格，建于高大的月台之上，面宽五间，悬山顶，柱础上雕有各种瑞兽，雕刻精美，殿内供奉毗卢遮那佛、释迦牟尼佛和卢舍那佛。第三进院落建有毗卢阁，为全寺最高点，重檐歇山顶，外置三层，内置二层，为清康熙年间重建。

除了天宁寺外，卦山还有其他的建筑遗产。如朱公祠，位于天宁寺和圣母庙之间，建于清乾隆四十年（1775年），纪念清代山西布政使朱圭而建，四合院形式，是卦山古建筑群中规模最小的一组；文昌宫，创建于清康熙二十九年（1690年），原供奉有文昌帝君和介子推等塑像，现塑像已毁；卦山书院，位于卦山卧龙冈，清康熙四十五年（1706年）重建，三进院落，院前有一座牌楼，二柱一楼式，上题"卦山书院"四个鎏金大字；圣母庙，又称"娘娘庙"，因庙内供奉有送子娘娘而得名，创建于明万历十五年（1587年），二进院落。

玄中寺景区。 又名"石壁寺"、"永宁寺"，位于交城县石壁山上，为中国佛教净土宗名刹。玄中寺历史悠久，创建于北魏延兴二年（472年），唐贞观九年（635年），唐太宗李世民曾莅临玄中寺，题寺名"石壁永宁寺"。唐贞元九年（793年），玄中寺创建戒坛。元初，玄中寺"革律为禅"。1983年，玄中寺被批准为全国汉族地区佛道教重点寺观之一。

寺院坐北朝南，占地面积1.1万平

方米，中轴线上依次建有天王殿（山门）、大雄宝殿、七佛殿、千佛阁。寺院大部分殿堂已毁，现存多为现代仿古建筑。天王殿为现存最早的木构殿堂，为明万历三十三年（1605年）重建，殿内供奉韦驮和大肚弥勒像，两侧为四大天王。天王殿两侧为钟鼓楼，建于清顺治十四年（1657年），方形平面，三层结构，上层四周有垛堞，有很强的防御性。寺院内有多座元代经幢，平面多为六角形、八角形，体型较小，总高约3～5米。寺外东南山顶有秋容塔，创建于宋大观二年（1108年），金泰和年间（1201～1208年）重修，塔身砖砌，高12米，平面呈八角形，外置二层，南面开券门。

卦山古柏和天宁寺全景

天宁寺大雄宝殿（全国重点文物保护单位）

卦山古柏

天宁寺鸟瞰

天宁寺全景

天宁寺楼阁

天宁寺墓塔

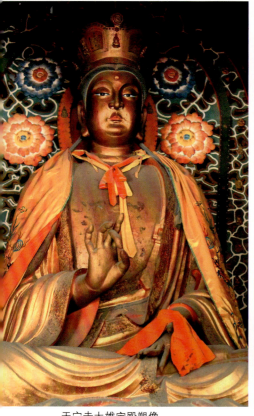  

天宁寺大雄宝殿塑像

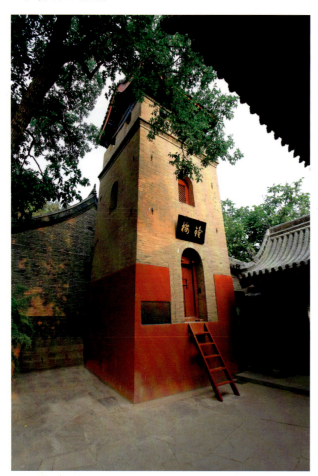

玄中寺楼阁

玄中寺古柏

玄中寺明代四大天王像

方山县 南阳沟 风景名胜区

南阳沟风景名胜区位于方山县东部，面积约70余平方公里,北起209国道（太佳线）、忻碛公路，南到郝家咀与交城县界，东止马坊沟。南阳沟风景名胜区属亚高山区，森林覆盖率高，树木种类繁多,原生林和次生林发育良好，其中以油松、杨桦、落叶松、云杉为主，兼有灌木丛为辅。主要有云顶山草原景区、万佛山景区、万兽山景区、天溪谷景区等。

云顶山海拔2700余米，由东云顶山、中云顶山和西云顶山组成，主要景点有云顶山奇松、草原牧场、牦牛、牧马等。由于这里山高、气温低，降水量大，风力大，紫外线照射强，致使植物正常生长受到抑制，形成亚高山草甸，素有"华北小西藏"之称。植物种群以苔草为主，植被构成相对简单。在山腰海拔1700～2200之间，主要为油松和杨桦混交林，树林密布，郁郁葱葱。

万兽山景区西界为大石沟，东界

"奇、险、怪"自然景观为主。景区中象形山石有雄狮、青蛙拜狮、大海活化石、仙人洞、仙人梯、旗杆石、青蛙望月、笔架山等，这些象形石惟肖惟妙，生动活泼。

万佛山东到柳树峁沟，南到南阳沟，西到小任家峪沟，面积约4.4平方公里，山岭崇峻，绝壁峥嵘，主要景点有九龙松、九天圣母殿等。

天溪谷景区以东神叉沟、西神叉沟为主轴，向沟两侧延伸到两侧山背，景区面积约7.7平方公里，主要景点有情人瀑、水帘洞、白龙瀑、玉女瀑、人兽石凳。

万兽山景区、万佛山景区和天溪谷景区以山、崖、石、溪等自然景观为主，集"雄、奇、秀、幽"为一体。这里山脉纵横，怪石林立，层峦叠嶂，山泉潺潺,鸟语啾啾，以"五山"、"九峰"、"十八沟"著称。春季百花争艳，夏季绿荫如盖，秋季层林尽染,冬季银

少女瀑，有奔放的白龙瀑，有绚丽的水帘洞。

总之，南阳沟景区具有较高的科

小溪

山底景色

树林

水库

树林、枯木和牛

树林和枯木

牦牛

树木和牛

松树林中的小径

亚高山草甸和牦牛

亚高山草甸和黄牛

亚高山草甸

松林